Monika Bovermann
Sylvette Penning-Hiemstra
Franz Specht
Daniela Wagner

Deutsch als Fremdsprache

Schritte 2

Kursbuch + Arbeitsbuch

Hueber Verlag

Beratung:

Renate Aumüller, Münchner Volkshochschule

Barbara Gottstein-Schramm, München

Isabel Krämer-Kienle, München

Susanne Kalender, Duisburg

Vera Kosmadaki, München

Marion Overhoff, Duisburg

Iboia-Maria Pap, München

Fotogeschichte:

Fotograf: Alexander Keller

Darsteller: Grit Emmrich-Seeger, Marcus Kästner, Yevgen Papanin, Jana Weers, Eva Wittenzellner und andere

Organisation: Sylvette Penning, Lisa Mammele

| 10. | 9. | 8. | | Die letzten Ziffern |
| 2014 | 13 | 12 | 11 | 10 | bezeichnen Zahl und Jahr des Druckes. |

Alle Drucke dieser Auflage können, da unverändert,
nebeneinander benutzt werden.
1. Auflage
© 2004 Hueber Verlag, 85737 Ismaning, Deutschland
Zeichnungen: Jörg Saupe, Düsseldorf
Layout: Marlene Kern, München
Lektorat: Dörte Weers, Jutta Orth-Chambah, Marion Kerner, Hueber Verlag, Ismaning
Druck und Bindung: Himmer AG, Augsburg
Printed in Germany
ISBN 978-3-19-001705-8
ISBN 978-3-19-201705-6 (mit CD)

AUFBAU

Inhaltsverzeichnis – KURSBUCH   4

Vorwort   6

Die erste Stunde im Kurs   7

Kursbuch: Lektionen 8 – 14   8

Inhaltsverzeichnis – ARBEITSBUCH   65

Arbeitsbuch: Lektionen 8 – 14   66

Wiederholungsstationen   120

Prüfungstraining   128

Wortliste   140

Symbole / Piktogramme

Kursbuch		Arbeitsbuch	
Hörtext auf CD/Kassette	CD 1 05	Hörtext auf CD/Kassette	CD 3 12
Grammatik	ich bin → ich war	Vertiefungsübung	Ergänzen Sie.
Hinweis	Ich bin Deutscher. Ich bin Deutsche.	Erweiterungsübung	Ergänzen Sie.
Aktivität im Kurs	⇄		
Redemittel	*Das habe ich nicht verstanden. Können Sie das bitte erklären?*		

Inhalt Kursbuch

Beruf und Arbeit

Foto-Hörgeschichte

Stifte 8

Schritt

A Berufe benennen und erfragen 10

B persönliche Informationen über 11
Vergangenheit und Gegenwart austauschen

C von Ereignissen und Aktivitäten in der 12
Vergangenheit berichten

D Stellenanzeigen 13

E Telefongespräch: Informationen zu 14
einem Stellenangebot erfragen
ein Stellengesuch schreiben

Übersicht Grammatik 15
Wichtige Wörter und Wendungen

Grammatik ● modale Präposition *als*:
Ich arbeite als Programmierer.
● lokale Präposition *bei*:
Ich arbeite bei „Söhnke & Co".
● temporale Präpositionen *vor*, *seit*, *für*:
vor einem Jahr
● Präteritum *sein*, *haben*: *war*, *hatte*
● Wortbildung Nomen: *der Lehrer* →
die Lehrerin, *der Kaufmann* → *die Kauffrau*

Ämter und Behörden

Foto-Hörgeschichte

Sara! 16

Schritt

A Tätigkeiten/Abläufe auf dem Amt 18
erklären

B Anweisungen und Ratschläge geben 19

C über Erlaubtes und Verbotenes sprechen 20

D ein Meldeformular ausfüllen 21

E um Erklärungen und Verständnishilfen 22
bitten

Übersicht Grammatik 23
Wichtige Wörter und Wendungen

Grammatik ● Modalverben *müssen*, *dürfen*
● Satzklammer: *Sie müssen dieses*
Formular ausfüllen.
● Pronomen *man*
● Imperativ: *Unterschreiben Sie bitte hier.*
● Verbkonjugation: *nehmen*, *helfen*

Gesundheit und Krankheit

Foto-Hörgeschichte

Sabine 24

Schritt

A Körperteile benennen 26
über das Befinden sprechen

B über das Befinden anderer sprechen 27

C Anweisungen und Ratschläge geben 28

D sich telefonisch und schriftlich 29
krankmelden

E einen Termin vereinbaren 30

Übersicht Grammatik 31
Wichtige Wörter und Wendungen

Grammatik ● Possessivartikel: *dein*, *sein*, *ihr*, *unser*, ...
● Modalverb *sollen*
● Satzklammer: *Sie sollen zu Hause*
bleiben.

In der Stadt unterwegs

Foto-Hörgeschichte

Gustav Heinemann 32

Schritt

A Verkehrsmittel benennen 34
nach dem Weg fragen und den Weg
beschreiben

B Ortsangaben machen 35

C Orte und Richtungen bestimmen 36

D Fahrpläne: Informationen entnehmen 37
Durchsagen verstehen

E am Bahnhof: um Auskunft bitten 38

Übersicht Grammatik 39
Wichtige Wörter und Wendungen

Grammatik ● Präposition *mit*: *Ich fahre mit dem Auto.*
● lokale Präpositionen *an*, *auf*, *bei*, *hinter*,
in, *neben*, *über*, *unter*, *vor*, *zwischen*:
Wo ...? – *Auf dem Parkplatz.*
● lokale Präpositionen *zu*, *nach*, *in*:
Wohin ...? – *Zum Arzt.*

Kundenservice

Foto-Hörgeschichte

Super Service! — 40

Schritt

A — Zeitangaben verstehen und machen — 42

B — zeitliche Bezüge nennen — 43
um Serviceleistungen bitten

C — höfliche Bitten und Aufforderungen — 44
ausdrücken

D — einen Informationstext verstehen — 45
Telefongespräch: Kundenservice

E — Telefonansagen verstehen und formulieren — 46

Übersicht Grammatik — 47
Wichtige Wörter und Wendungen

Grammatik
● temporale Präpositionen *vor*, *nach*, *bei*, *in*:
Wann ...? – In einer Stunde.
● temporale Präpositionen *bis*, *ab*:
Ab wann ...? – Ab morgen.
● Höflichkeitsform Konjunktiv II: *würde*, *könnte*
● Satzklammer: *Könnten Sie mir bitte helfen?*
● Verben mit verschiedenen Präfixen:
an-, aus-, auf-, zumachen

Neue Kleider

Foto-Hörgeschichte

Eins, zwei, drei ... alles neu! — 48

Schritt

A — Kleidungsstücke benennen — 50

B — Gefallen/Missfallen ausdrücken — 51

C — Vorlieben und Bewertungen ausdrücken — 52

D — Vorlieben erfragen — 53
eine Auswahl treffen

E — Im Kaufhaus: um Hilfe/Rat bitten — 54

Übersicht Grammatik — 55
Wichtige Wörter und Wendungen

Grammatik
● Demonstrativpronomen *der, das, die*:
der Rock → *Der ist super!*
● Frageartikel *welch-*: *Welches Hemd?*
● Demonstrativpronomen *dies-*:
Dieses Hemd gefällt mir.
● Personalpronomen im Dativ: *mir, dir, ...*
● Komparation *gut, gern, viel*
● Verben mit Dativ: *gefallen, gehören,*
passen, stehen
● Verbkonjugation: *mögen*

Feste

Foto-Hörgeschichte

Prost Neujahr! — 56

Schritt

A — das Datum erfragen und nennen — 58

B — über Personen sprechen — 59

C — Gründe angeben — 60
einen Termin absagen und zusagen

D — Einladungen lesen und schreiben — 61

E — Feste nennen — 62
Glückwünsche ausdrücken

Übersicht Grammatik — 63
Wichtige Wörter und Wendungen

Grammatik
● Ordinalzahlen: *der erste, ...*
● Personalpronomen im Akkusativ:
mich, dich, ...
● Konjunktion *denn*: *Sie kann nicht*
kommen, denn sie ist krank.

Vorwort

Liebe Leserinnen und Leser,

Schritte ist ein Lehrwerk für die Grundstufe. Es führt Lernende ohne Vorkenntnisse in jeweils zwei Bänden zu den Sprachniveaus A1, A2 und B1, wie sie im *Gemeinsamen europäischen Referenzrahmen* definiert sind. Gleichzeitig bereitet es gezielt auf die Prüfungen *Start Deutsch 1z* (Stufe A1), *Start Deutsch 2z* (Stufe A2) und *Zertifikat Deutsch* (Stufe B1) vor.

Für wen ist das Lehrwerk *Schritte* geeignet?

Schritte eignet sich besonders für Lernende, die in einem deutschsprachigen Land leben oder leben möchten. Um die Integration in den deutschen Alltag zu erleichtern, haben wir Situationen gewählt, die auf die Bedürfnisse dieser Zielgruppe ausgerichtet sind. Die wichtigen Bereiche des Familienlebens und der Arbeitswelt nehmen breiten Raum ein. Implizit vermittelt das Lehrwerk landeskundliches Grundwissen über relevante Bereiche wie zum Beispiel Wohnungs- und Stellensuche, Schulsystem und Gesundheitswesen.

Das Lehrwerk ist gedacht für Lernende, die über wenig Lernerfahrung verfügen und vielleicht noch keine andere Fremdsprache gelernt haben. Die Progression ist daher gezielt flach gehalten.

Wie sind die Lektionen aufgebaut?

Das Kursbuch

Jede der sieben Lektionen eines Bandes besteht aus einer Einstiegsdoppelseite, fünf Lernschritten A bis E sowie einer Übersichtsseite am Lektionsende. Die Lernschritte A bis E sind jeweils auf einer Seite abgeschlossen, was einen klaren und transparenten Aufbau schafft.

- **Einstieg:** Jede Lektion beginnt mit einer Folge einer Foto-Hörgeschichte. Die Episoden bilden den thematischen und sprachlichen Rahmen der Lektion. Der Handlungsbogen dient als roter Faden für die Lektion und erleichtert die Orientierung im Lernprogramm.

- **Lernschritt A-C:** Hier werden die neuen Wörter und Strukturen der Foto-Hörgeschichte aufgegriffen, in weiteren typischen Situationen variiert und erweitert. In der Kopfzeile jeder Seite sehen Sie, um welchen Lernstoff es auf der Seite geht. Die Einstiegsaufgabe der Lernschritte führt neuen Stoff ein, indem sie mit einem „Zitat" an die gerade gehörte Episode anknüpft. Variationsübungen und zusätzliche Alltagsdialoge schleifen den neuen Lernstoff ein. Grammatik-Einblendungen machen die neu zu erlernenden Sprachstrukturen bewusst. Den Abschluss der Lerneinheit bildet eine freie, oft spielerische Anwendungsübung.

- **Lernschritt D und E:** Diese Seiten präsentieren alltägliche Gesprächssituationen und Schreibanlässe und bereiten die Lernenden mit Hilfe von „Realien" auf den Alltag außerhalb des Klassenraums vor. Die vier Fertigkeiten werden hier unabhängig von der Foto-Hörgeschichte trainiert. Der Schwerpunkt liegt dabei auf den produktiven Fertigkeiten. Die Teilnehmenden lernen auch die wichtigsten Textsorten des Schriftverkehrs kennen, d.h. Formulare, Briefe und E-Mails.

- **Übersicht:** Am Ende der Lektion finden Sie die wichtigen Strukturen, Wörter und Wendungen systematisch aufgeführt.

Das Arbeitsbuch

Das integrierte Arbeitsbuch ermöglicht dem Lehrenden durch ein spezielles Leitsystem, innerhalb eines Kurses binnendifferenziert mit schnelleren und langsameren Lernenden gezielt zu arbeiten. Hier finden sich auch die Aufgaben zum Aussprachetraining. Projekte ermöglichen eine enge Verknüpfung von Lernen in und außerhalb des Klassenraumes. Ein Lerntagebuch leitet die Teilnehmenden von Anfang dazu an, sich den eigenen Lernprozess bewusst zu machen und sinnvolle Strategien anzueignen. Aufgaben, die eine gezielte Vorbereitung auf die Prüfungen *Start Deutsch z* bzw. *Zertifikat Deutsch* ermöglichen, runden das Arbeitsbuch ab.

Eine Wiederholungssequenz über den in je zwei Bänden erworbenen Lernstoff und ein Modelltest mit Tipps zur Prüfungsvorbereitung finden sich am Ende jeder Niveaustufe (*Schritte 2, 4, 6*).

Viel Spaß beim Lehren und Lernen mit *Schritte* wünschen Ihnen

Autoren und Verlag

Stellen Sie sich vor: Wie heißen Sie?

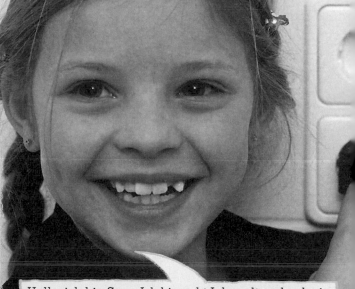

Hallo, ich heiße Nikolaj Miron, kurz: Niko. Ich bin 25 Jahre alt, komme aus der Ukraine und bin seit acht Monaten in Deutschland. Deutsch ist nicht so leicht, aber in Deutschland gefällt es mir sehr gut. Neue Freunde habe ich auch schon gefunden.

Hallo, ich bin Sara. Ich bin acht Jahre alt und gehe in die dritte Klasse. Leider habe ich keinen Bruder und keine Schwester. Aber jetzt habe ich ja Niko. Niko ist total nett und macht oft lustige Sachen. Manchmal versteht er etwas nicht richtig. Dann helfe ich ihm.

Die erste Stunde im Kurs

Hallo! Wir sind Freunde von Nikolaj. Ich heiße Bruno Schneider, das ist meine Frau Tina und das ist unsere Tochter Sara. Wir haben einen kleinen Laden in der Rosenheimer Straße in München. Dort verkaufen wir Obst und Gemüse. Das macht viel Arbeit, aber wir lernen auch viele Leute kennen, zum Beispiel Niko.

Sprechen Sie im Kurs.

- Woher kommen Sie?
- ▲ Ich komme aus Afrika, aus Ghana.
- Aha, interessant. Und wo haben Sie dort gewohnt?
- ▲ In Accra. Das ist die Hauptstadt. Und Sie? Woher kommen Sie?
- Ich komme aus ...

Woher ...?
Wo ...?
Haben Sie / Hast du Kinder?
Was sprechen Sie / sprichst du?
Was sind Ihre/deine Hobbys?
Was machen Sie / machst du in der Freizeit?

Ich komme aus ...
Ich wohne in ...
Ich habe keine / ... Kind(er).
Ich spreche ...
Meine Hobbys sind ...
Ich ... gern ...

1

Für unser Werk
in München

suchen wir
ab sofort
verschiedene

Metallfacharbeiter

Sind Sie

- Mechaniker?
- Schweißer?
- Dreher?

Dann melden Sie sich
bei Frau Dr. Schmitz
und vereinbaren Sie ein
Vorstellungsgespräch
(089/923465).

WAFAG
Werkzeug-, Apparate- und Formenbau AG

7

FOLGE 8: *STIFTE*

8

---

1 **Sehen Sie die Fotos an. Was meinen Sie? Kreuzen Sie an.**

☐ Niko ist in einer Sprachschule.
Er macht einen Deutschtest.
Er spricht mit der Deutschlehrerin.

☐ Niko ist in einer Firma. Er sucht
eine neue Arbeit. Er spricht
mit der Chefin.

2 **Zeigen Sie: Stifte ● einen Stiftehalter**

3 **Ordnen Sie zu.**

☑ die Werkstatt ☐ der Mechaniker
☐ die Maschine ☐ der Meister

4   **Sehen Sie die Fotos an und hören Sie.**

5   **Richtig oder falsch? Kreuzen Sie an.**

		richtig	falsch
a	Niko ist Mechaniker von Beruf.	☒	☐
b	Niko hat jetzt keine Arbeit: Er ist arbeitslos.	☐	☒
c	Niko sucht eine neue interessante Arbeit. Seine Arbeit ist sehr langweilig.	☒	☐
d	Herr Obermeier zeigt Niko die Maschinen.	☒	☐
e	Herr Obermeier hat den Stiftehalter gemacht.	☐	☒
f	Niko kann bei „WAFAG" arbeiten. Der Stiftehalter war eine sehr gute Idee.	☒	☐

CD 1 03

A1 Sehen Sie die Bilder an. Hören Sie dann und ordnen Sie zu.

A Mechaniker B Lehrerin C Studentin D Kaufmann E Hausfrau

F Bauarbeiter G Busfahrer H Krankenschwester I Polizist J Programmiererin

A2 Ergänzen Sie.

Text	1	2	3	4	5	6	7	8	9	10
Bild	B	A	g	H	F	C	I	J	E	D

Busfahrer	*Busfahrerin*
	Lehrerin
Polizist	
	Programmiererin
Hausmann	
Bauarbeiter	
	Studentin
Mechaniker	
Krankenpfleger	
	Kauffrau

Busfahrer	Busfahrerin
Lehrer	Lehrerin
Kauf**mann**	Kauf**frau**
Haus**mann**	Haus**frau**
Kranken**pfleger**	Krankenschwester

A3 Fragen Sie und antworten Sie.

▲ Was sind Sie von Beruf?
● Ich bin Programmierer. Ich arbeite bei „Söhnke & Co". Und Sie? Was machen Sie?
▲ Ich bin Lehrerin. Aber ich arbeite jetzt nicht. Ich lerne Deutsch.

■ Was sind Sie von Beruf?
◆ Ich bin Kauffrau. Aber ich arbeite jetzt als Verkäuferin.

Ich **arbeite** | bei „Söhnke & Co".
| als Verkäuferin.

Was sind Sie / bist du von Beruf? Ich bin ...
Was machen Sie / machst du? *Ich arbeite bei ...*
Ich bin ... Aber ich arbeite jetzt nicht.
Ich bin ... Aber ich arbeite jetzt als ...

A4 Spiel: Zeichnen Sie und raten Sie.

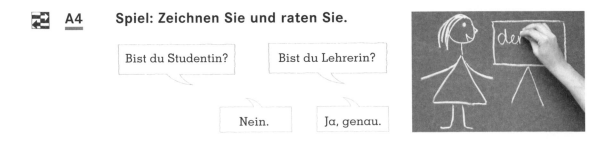

Bist du Studentin?

Bist du Lehrerin?

Nein.

Ja, genau.

B1 Hören Sie noch einmal und variieren Sie.

since when
How long

a *when did you come*
▲ Wann sind Sie denn nach Deutschland
gekommen?
■ Vor acht Monaten.

Varianten:
Österreich – zwei Jahren
Italien – drei Monaten

b
▲ Und seit wann leben Sie schon
in München?
■ Seit sechs Monaten. *lebe ich in München*

Varianten:
Wien – zwei Monaten
Rom – fünf Wochen

Wann sind Sie nach Deutschland gekommen?			Seit wann	leben Sie schon in München?
	Vor	drei Jahren.	Wie lange	
		vier Monaten.	Seit	drei Jahren.
				vier Monaten.
				1995.

B2 Schreiben Sie die Fragen richtig.

Herr Probst ist der Chef von „Hansa". Er sucht einen neuen Programmierer. Gleich kommt
Herr Stanuch und stellt sich vor. Herr Probst will viele Fragen stellen. Er hat Notizen gemacht.

a Wann nach Deutschland gekommen?
b Seit wann in Stuttgart?
c Wann und wo geboren?
d Wann Mechaniker gelernt?
e Was studiert? Wann Diplom gemacht?
f Wie lange als Programmierer gearbeitet?
g Seit wann arbeitslos?

a *Wann sind Sie nach Deutschland gekommen?*
b *Seit wann ...*
c *...*
d
e
f
g

B3 Hören Sie das Gespräch. Ordnen Sie die Antworten den Fragen aus B2 zu.

|e| Ich habe Informatik studiert und vor sieben
Jahren mein Diplom gemacht.
|g| Seit drei Monaten habe ich keine Arbeit mehr.
|d| Das war vor genau 15 Jahren.
|b| Seit einem Monat.

|f| Ich habe acht Jahre als
Computerspezialist gearbeitet.
|a| Vor einem Jahr.
|c| 1973 in Krakau.

vor	einem Monat		Wie lange haben	Acht Jahre.
seit	einem Jahr		Sie ... gearbeitet?	
	einer Woche			

B4 Im Kurs: Fragen Sie und schreiben Sie. Machen Sie dann ein Kursalbum.

Das ist Senep. Sie ist vor
20 Jahren in Ankara geboren.
Sie ist zehn Jahre in die
Schule gegangen. In der
Schule hat sie Englisch gelernt.
Vor sechs Monaten ist sie
nach Deutschland gekommen.

man schreibt	man sagt
1979	19hundert79
1994	19hundert94
2003	2tausend3
2004	2tausend4

Wo ...? Was ...? Wann ...? Wie lange ...?
... geboren? / ... geheiratet? / ... gearbeitet? / ...
Kinder bekommen? /... in die Schule gegangen? /
... gelernt? / ... studiert? / ... gelebt? /
... nach Deutschland gekommen?

CD 1|06 **C1** **Hören Sie noch einmal und ergänzen Sie.**

war ● hatte

▲ Als was haben Sie in der Ukraine gearbeitet?

■ Zuerst _war_ ich bei einer Firma als Mechaniker. Dann _hatte_
ich bei einer anderen Metallfirma eine Stelle als Schweißer.

> ich bin → ich war
> ich habe → ich hatte

CD 1|07 **C2** **Ordnen Sie zu. Hören Sie dann und vergleichen Sie.**

Jan Kästners Lebensgeschichte

wieder = again

C Nach drei Jahren hatte ich eine große Firma, viele Arbeiter und viel Stress.

A Ich hatte eine große Leidenschaft: kochen.

E Heute bin ich wieder glücklich und habe wieder eine große Leidenschaft: kochen und essen.

B Dann hatte ich eine kleine Firma: Jans Partyservice – und viel Arbeit.

D Ich war sehr müde. Dann hatte ich eine gute Idee: Ich habe die Firma verkauft.

C3 **Erzählen Sie.**

> Jan Kästner hatte eine
> große Leidenschaft: ...

er/sie ist → er/sie war
er/sie hat → er/sie hatte

wir sind → wir waren
ihr seid → ihr wart
sie/Sie sind → sie/Sie waren

wir haben → wir hatten
ihr habt → ihr hattet
sie/Sie haben → sie/Sie hatten

C4 **Im Kurs: Zeigen Sie Fotos von einer Reise /
einem Fest / ... und sprechen Sie.**

■ Wo war das? Wo wart ihr / waren Sie da?
◆ Das war im Urlaub. Da waren wir in Bulgarien.
■ Und wann war das?
◆ Im letzten Sommer.
■ Und wie war das Wetter?
◆ Toll! Es war sehr warm. Wir hatten 30 Grad.
Wir haben jeden Tag gebadet.

Im	Sommer 19..	war ich	in Tschechien	in Prag	am Meer.
	Frühling 20..	waren wir	auf einer Hochzeit	in ...	in den Bergen.
	Herbst		in meiner Heimat		auf dem Land.
	Winter		in unserem Dorf		am See.
			auf einer Reise		
			auf einer Feier		

D1 Lesen Sie und markieren Sie: Wann können/möchten die Personen arbeiten?

Claudia Wiese sucht Arbeit. Sie hat am Vormittag und am Nachmittag keine Zeit. Da ist sie mit ihren Kindern zu Hause. Am Abend kommt ihr Mann. Dann kann sie arbeiten. Sie sucht eine Arbeit für zwei oder drei Stunden.

Elena Beketova ist eine Studentin aus Russland. Sie lernt am Vormittag Deutsch. Am Nachmittag und am Abend studiert sie an der Universität. An zwei Nachmittagen in der Woche hat sie frei und möchte arbeiten. In Russland hatte sie einen Job als Verkäuferin.

Konstantinos Antoniadis hatte ein kleines Geschäft. Er war selbstständig, aber er hat sehr wenig Geld verdient. Herr Antoniadis hat den Laden verkauft. Jetzt arbeitet er am Tag als Kellner in einem Restaurant. Er hat eine Frau und drei Kinder und braucht für seine Familie eine große Wohnung. Das ist teuer und deshalb will er noch in der Nacht und/oder am Wochenende arbeiten. Sein Hobby ist Autofahren.

Adem Karadeniz ist jetzt arbeitslos. Er besucht seit zwei Monaten am Abend eine Fahrschule. Er möchte endlich Auto fahren lernen. Herr Karadeniz sucht für den Vormittag oder Nachmittag einen Job. Er möchte gerne jeden Tag arbeiten. In Deutschland war er schon Verkäufer in einem Supermarkt. Früher hat er in einem Krankenhaus als Pfleger gearbeitet. Das hat Herrn Karadeniz sehr gefallen.

D2 Lesen Sie die Anzeigen. Markieren Sie die Berufe und die Arbeitszeiten.

Stellenmarkt

A

Wir suchen ab sofort zuverl. **Putzhilfe** für Massagepraxis in Petersberg, Landwehrstraße. Arbeitszeit: Mo.–Fr. für 2 Stunden ab 20 Uhr.

Gebäudereinigung Blank GmbH
Tel.: 0661/330 50

B

Sekretärinnen mit Computer- und Engl.-Kenntn. gesucht. Arbeitszeit: Mo–Fr, 8–13 Uhr.

Bitte übl. Unterlagen an: Personalmanagement GmbH, Holger Wittstein, Gottschedstraße 14, 04109 Leipzig Telefonische Informationen unter 624 21 32 (9–12 Uhr)

C

Suche

Taxifahrer/Taxifahrerin

für Nacht und Wochenende. Festanstellung.
Tel.: 0171/640 76 68

D

Wir suchen ab sofort eine/n freundliche/n, junge/n **Fleischverkäufer/in** für zwei Nachmittage in der Woche. Gerne auch Student/in.
Metzgerei Stefan Scholl. Tel.: 030/27 11 913

E

Ambulanter Pflegedienst sucht dringend **Krankenpfleger/Krankenschwestern** v. Mo–Fr, 14–18 Uhr. Führerschein erforderlich. Tel.: 14 16 714

D3 Welche Anzeige passt zu welcher Person? Kreuzen Sie an.

Anzeige	A	B	C	D	E
Frau Wiese	☐	☐	☐	☐	☐
Frau Beketova	☐	☐	☐	☐	☐
Herr Antoniadis	☐	☐	☐	☐	☐
Herr Karadeniz	☐	☐	☐	☐	☐

E1 **Wo ruft Herr Wegener an? Lesen Sie, hören Sie dann und kreuzen Sie an.**

CD 1 08

Mechaniker für Autowerkstatt gesucht! Arbeitszeit: 12 Stunden in der Woche am Nachmittag.
Tel.: 040/14 38 27–0

☐ 040/14 38 27–0
☐ 0177/59 63 782

Wir suchen ab sofort einen **Hausmeister** für große Wohnanlage in der Verdener Str.
Arbeitszeit: jeden Tag, tlw. auch am Wochenende.
Hausverwaltung Alexander
Tel.: 0177/59 63 782

E2 **Sie suchen eine Stelle. Spielen Sie Gespräche.**

Gesucht:	Busfahrer(in)
Arbeitszeit:	drei Tage in der Woche
Wie lange?	8 Stunden
Verdienst?	12 Euro pro Stunde

Gesucht:	Putzhilfe
Arbeitszeit:	zwei Mal in der Woche am Vormittag
Wie lange?	3 Stunden
Verdienst?	7,50 Euro pro Stunde

...

Ja. Wir suchen eine(n) ...

... Stunden.

... Euro.

Kommen Sie doch morgen um ...
Unser Büro / Unsere Firma ist in der ...straße ...

Gut, bis morgen. Auf Wiederhören.

Guten Tag. Mein Name ist ...
Ich habe Ihre Anzeige gelesen. Sie suchen eine(n) ... Ist die Stelle noch frei?

Und wie lang ist die Arbeitszeit pro Tag?

Und wie ist der Verdienst pro Stunde?

Gut, wann kann ich zu Ihnen kommen?

Ja, gut, das passt prima. Dann bis morgen.

Wie lang(e)?	Eine Stunde.
	45 Minuten.
	Von 8 Uhr bis 17 Uhr.

E3 **Sie suchen eine Stelle. Schreiben Sie eine Anzeige.**

Suche Arbeit als Taxifahrer für einen Tag in der Woche.
Tel.: 0471/64 583

für	einen Tag in der Woche
	ein Wochenende
	eine Stunde am Tag

Suche Arbeit als ...

für	zwei Tage in der Woche	am	Vormittag
	zwei Stunden am Tag		Nachmittag
	das Wochenende		Abend

Grammatik

1 Nomen: Wortbildung

Nachsilbe: -in

der Lehrer – die Lehrerin
der Polizist – die Polizistin
⚠ die Lehrerinnen

Nachsilbe: -frau / -mann

der Kaufmann – die Kauffrau
der Hausmann – die Hausfrau

2 Präteritum: sein und haben

	sein		haben	
	Präsens	Präteritum	Präsens	Präteritum
ich	bin	war	habe	hatte
du	bist	warst	hast	hattest
er/es/sie	ist	war	hat	hatte
wir	sind	waren	haben	hatten
ihr	seid	wart	habt	hattet
sie/Sie	sind	waren	haben	hatten

3 Lokale Präposition bei, modale Präposition als

Wo arbeiten Sie? – Ich arbeite als Programmierer bei „Söhnke & Co".

4 Temporale Präpositionen: vor, seit + Dativ

		maskulin	neutral	feminin	Plural	
Wann? Ich *habe*	vor	einem Monat	einem Jahr	einer Woche	zwei Monaten	geheiratet.
Seit wann? Ich *wohne*	seit	einem Monat	einem Jahr	einer Woche	zwei Jahren	in München.

5 Temporale Präpositionen: für + Akkusativ

		maskulin	neutral	feminin	Plural	
Für wie lange? Ich *suche*	für	einen Monat	ein Jahr	eine Woche	zwei Wochen	eine Arbeit.

Wichtige Wörter und Wendungen

Berufe: Lehrer, Mechaniker ...

Bauarbeiter/-in • Busfahrer/-in • Computerspezialist/-in •
Hausmeister/-in • Kellner/-in • Lehrer/-in •
Mechaniker/-in • Polizist/-in • Programmierer/-in •
Schweißer/-in • Sekretär/-in • Student/-in • Taxifahrer/-in •
Verkäufer/-in •
Hausmann/-frau • Kaufmann/-frau •
Krankenpfleger/-schwester • Putzhilfe

Arbeit

die Anzeige, -n • arbeiten •
die Arbeit • der/die Arbeiter/-in •
die Arbeitszeit,-en • arbeitslos •
der/die Chef/-in • die Firma, Firmen •
der Job,-s • die Kenntnisse •
die Maschine, -n • der/die Meister/-in •
die Stelle,-n • verdienen • der Verdienst •
die Werkstatt, ⸚en • selbstständig

Über den Beruf und über Privates sprechen: Was sind Sie von Beruf?

Was sind Sie von Beruf?	Ich bin ...
Was machen Sie?	Ich arbeite als ...
Was haben Sie gelernt/studiert?	Ich habe ... gelernt/studiert.
Wie ist die Arbeitszeit pro Tag?	... Stunden.
Und wie ist der Verdienst pro Stunde?	... Euro.
Wann sind Sie geboren?	19..
Wann haben Sie geheiratet?	19.. / 20.. / Vor ... Jahren.
Wann waren Sie ...?	19.. / 20.. / Im Winter. / Im letzten Sommer.
Wo war das? / Wo waren Sie?	Am Meer. / In den Bergen. / Auf dem Land.

FOLGE 9: *SARA!*

1 **Sehen Sie die Fotos an. Was meinen Sie? Kreuzen Sie an.**

a   Foto 1–9:   Niko und Sara sind   ☐ in der Schule.
                                      ☐ auf der Post.
                                      ☐ auf dem Amt.

b   Foto 2–4:   Niko und Sara   ☐ kaufen Papier.
                                      ☐ brauchen eine Information.
                                      ☐ melden Niko für den Deutschkurs an.

c   Foto 6:   Niko und Sara   ☐ lesen Zeitung.
                                      ☐ machen zusammen Hausaufgaben.
                                      ☐ füllen ein Formular aus.

2 **Warum ist Niko auf dem Amt? Was meinen Sie?**

Vielleicht sucht Niko eine Arbeit.

Ich glaube, Niko hat eine neue Wohnung.

D 1|09| 🔲 **3** **Sehen Sie die Fotos an und hören Sie.**

4 **Richtig oder falsch? Kreuzen Sie an.** richtig falsch

		richtig	falsch
a	Niko hat eine neue Adresse.	☒	☐
b	Er versteht alle Wörter im Formular.	☐	☒
c	Die Frau glaubt, Sara ist Nikos Tochter.	☒	☐
d	Sara sagt, sie ist Nikos Tochter.	☐	☒

D 1|09| 🔲 **5** **Hören Sie noch einmal. Was passt? Ordnen Sie zu.**

a	Sind Sie innerhalb von München umgezogen?	Verheiratet oder ledig.
b	„Einzugsdatum"?	Wann bist du in die neue Wohnung eingezogen?
c	„Familienstand"?	Männlich oder weiblich, also Mann oder Frau.
d	„Geschlecht"? „M"? „W"?	Haben Sie vorher schon in München gewohnt?

A1   Ordnen Sie zu.

☐ Wo muss ich unterschreiben? – Hier.
☐ Du musst „W" ankreuzen.
☑ Da muss man doch ein Formular ausfüllen.
☐ Dann müssen wir eine Nummer ziehen.
☐ Ihr müsst einen Moment draußen warten.
☑ Dann müssen Sie dieses Meldeformular ausfüllen.

ich	**muss**	wir	müssen
du	**musst**	ihr	müsst
er/sie	**muss**	sie/Sie	müssen

Ihr │müsst│ einen Moment │warten│.

A2   Was sagt der Beamte? Sprechen Sie.

Du musst eine Nummer ziehen!

Sie müssen …

a Sebastian muss eine Nummer ziehen.
b Er muss einen Moment warten.
c Er muss leise sein.

d Frau Gruber muss ein Formular ausfüllen.
e Sie muss das Formular unterschreiben.
f Sie muss das Formular abgeben.

A3   Was muss man auf dem Amt machen? Ordnen Sie und schreiben Sie.

1 zum richtigen Buchstaben gehen   3 das Formular ausfüllen   2 eine Nummer ziehen
5 das Formular abgeben   4 das Formular unterschreiben

Zuerst muss man …   ich, du, er … = speziell
Dann …   man = generell
Dann … und …   (alle, jede Person)
Zum Schluss …   ⚠ man ≠ Mann

A4   Im Beruf / In der Familie: Was müssen Sie machen? Erzählen Sie.

Ich muss die Betten machen, das Abendessen kochen und …

Ich bin Taxifahrer. Da muss man auch in der Nacht arbeiten. Man muss gut Auto fahren. Und man muss die Stadt gut kennen.

B1   **Verbinden Sie die Sätze. Hören Sie dann und vergleichen Sie.**

a   Gehen Sie   eine Nummer. *up*
b   Ziehen Sie   das Formular ab.
c   Füllen Sie   jetzt hier weiter.
d   Geben Sie   das Formular aus.   *ausfüllen*
    to give

Ziehen Sie eine Nummer.
Ziehen Sie bitte eine Nummer.

B2   **Was sagen die Personen? Schreiben Sie.**

to wait   *+ passport*   *to pay*
einen Moment warten ● hier unterschreiben ● den Pass zeigen ● an der Kasse bezahlen
    to show

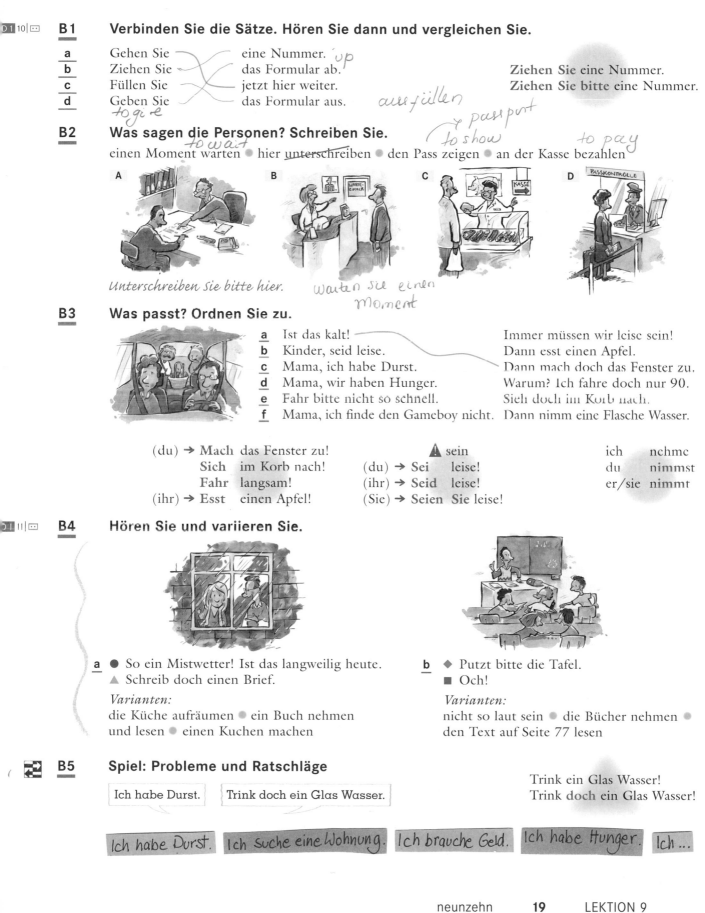

Unterschreiben sie bitte hier.   *Warten sie einen Moment*

B3   **Was passt? Ordnen Sie zu.**

a   Ist das kalt!   Immer müssen wir leise sein!
b   Kinder, seid leise.   Dann esst einen Apfel.
c   Mama, ich habe Durst.   Dann mach doch das Fenster zu.
d   Mama, wir haben Hunger.   Warum? Ich fahre doch nur 90.
e   Fahr bitte nicht so schnell.   Sieh doch im Korb nach.
f   Mama, ich finde den Gameboy nicht.   Dann nimm eine Flasche Wasser.

(du) →	**Mach** das Fenster zu!			⚠ sein		ich	nehme
	Sieh im Korb nach!	(du) →	**Sei** leise!			du	nimmst
	Fahr langsam!	(ihr) →	**Seid** leise!			er/sie	nimmt
(ihr) →	**Esst** einen Apfel!	(Sie) →	**Seien** Sie leise!				

B4   **Hören Sie und variieren Sie.**

a   ● So ein Mistwetter! Ist das langweilig heute.
    ▲ Schreib doch einen Brief.

Varianten:
die Küche aufräumen ● ein Buch nehmen
und lesen ● einen Kuchen machen

b   ◆ Putzt bitte die Tafel.
    ■ Och!

Varianten:
nicht so laut sein ● die Bücher nehmen ●
den Text auf Seite 77 lesen

B5   **Spiel: Probleme und Ratschläge**

| Ich habe Durst. | | Trink doch ein Glas Wasser. |

Trink ein Glas Wasser!
Trink doch ein Glas Wasser!

Ich habe Durst.   Ich suche eine Wohnung.   Ich brauche Geld.   Ich habe Hunger.   Ich …

CD 1 | 12 | **C1**   **Hören Sie und variieren Sie.**

a ■ Ach, Moment mal: Sie müssen
auch Ihre Angehörigen anmelden.
◆ Wie bitte?
■ Na, Ihre Tochter. Sie dürfen
Ihre Tochter nicht vergessen.

Varianten:
den Antrag unterschreiben –
die Unterschrift – die Unterschrift ●
eine Nummer ziehen – die Nummer –
die Nummer

b ● He, Niko. Du musst das Handy ausmachen.
◆ Wie bitte?
● Na, das Handy. Du darfst hier nicht
telefonieren.

Varianten:
die Zigarette ausmachen – die Zigarette –
rauchen ● langsam fahren – das Schild –
nur 100 fahren

ich	darf	wir	dürfen
du	darfst	ihr	dürft
er/sie/	darf	sie/Sie	dürfen
man			

C2   **Schreiben Sie: Was ist erlaubt, was ist verboten?**

essen ● rauchen ● Hunde mitnehmen ● telefonieren ●
fotografieren ● parken

A *Hier darf man Hunde nicht mitnehmen.*

B *Hier darf man*

C

D

E

F

C3   **In Ihrem Land: Was darf man? Was darf man nicht? Was muss man?**

Jungen-Mädchen

in der Schule

Erwachsene

im Schwimmbad

im Restaurant

Wir dürfen keinen Alkohol trinken.

Bei uns muss man nach dem Essen „Danke" sagen.

Essen

auf dem Amt

Kinder   im Hotel   im Museum

D1   Lesen Sie das Formular unten. Richtig oder falsch?

		richtig	falsch
a	Familie Galanis zieht im September in die neue Wohnung.	☒	☐
b	Die neue Adresse ist Deutschstraße 56.	☐	☐
c	Der Vorname von Herrn Galanis ist Yorgos.	☐	☐
d	Herr Galanis ist ledig.	☐	☐
e	Herr Galanis hat im Oktober Geburtstag.	☐	☐
f	Herr Galanis ist 1975 in Thessaloniki geboren.	☐	☐
g	Herr Galanis ist Deutscher.	☐	☐

Die Monate

Januar	Juli
Februar	August
März	September
April	Oktober
Mai	November
Juni	Dezember

Ich bin Deutscher.
Ich bin Deutsche.

Wann sind Sie geboren? –
Im März.

Einzugsdatum: 01.09.20..

Neue Wohnung: Deutzstr. 56, 50679 Köln   **Bisherige Wohnung:**

Die neue Wohnung ist   ☐ Hauptwohnung   ☐ Nebenwohnung

	Familienname	Frühere Namen (z.B. Geburtsname)	Vorname(n)
1	Galanis		Yorgos
2		Markaris	Dimitra Elena
3	Galanis		
4			

	Familienstand	Geschlecht	Geburtsdatum	Geburtsort/Geburtsland
1	verheiratet	M̶ W	18.10.1970	Thessaloniki; Griechenland
2	verheiratet	M W	05.07.1972	Athen ;
3	ledig	M W	09.12.2002	
4		M W		

	Staatsangehörigkeit
1	griechisch
2	
3	
4	

	Berufstätig
1	
2	.
3	nein
4	

Ort, Datum   Unterschrift   Y. Galanis
Köln, 22.09.20..

D2   Hören Sie das Gespräch auf dem Amt. Ergänzen Sie das Formular.

CD 1 14

E1 **Hören Sie und ergänzen Sie.**

helfen ● heißt ● bedeutet ● verstehe ● wiederholen ● erklären

a ● Entschuldigen Sie. Können Sie mir ....*helfen*......?

▲ Ja, bitte?

● Darf ich Sie etwas fragen? Ich ....
dieses Formular nicht so gut. Ich bin nämlich
Ausländer.

b ▲ Hier müssen Sie noch das Geschlecht ankreuzen.

● Wie bitte? Was heißt Geschlecht?

▲ Das .... „Mann" oder „Frau".
Bei 1 kreuzen Sie also „M" an.

c ▲ Sie müssen auch noch das Geburtsland
von Ihrer Ehefrau und den Geburtsort
von Ihrer Tochter eintragen. Ihre Frau
ist ja auch in Griechenland geboren.

● Können Sie das bitte ....?

d ● Und bitte, was .... Staatsangehörigkeit?

▲ Ihre Nationalität. Sie kommen doch aus
Griechenland, nicht wahr?

e ▲ Berufstätig. Haben Sie das verstanden?

● Nein, können Sie das bitte ....?

E2 **Sie verstehen den Beamten nicht. Was sagen Sie? Kreuzen Sie an.**

ich helfe
du hilfst
er/sie hilft

a Sie müssen den Antrag hier ausfüllen und
beim Ausländeramt abgeben. Verstehen Sie?

☒ Nein. Können Sie das bitte erklären?
☐ Buchstabieren Sie bitte Ausländeramt.

b Sie müssen selbst kommen und alle wichtigen
Dokumente mitbringen.

☐ Ist das ein Problem?
☐ Entschuldigung, was bedeutet „Dokumente"?

c Sie müssen dem Amt Auskunft über Ihre Person,
den Wohnort und den Arbeitsplatz geben.

☐ Auskunft? Das Wort habe ich nicht verstanden.
☐ Ich brauche bitte eine Auskunft.

d Leben Ihre Angehörigen auch in Deutschland?
Dann müssen Sie auch für die Angehörigen
einen Antrag ausfüllen.

☐ Die Angehörigen sind meine Familie.
☐ Noch einmal, bitte.

E3 **Wählen Sie eine Situation und spielen Sie im Kurs vor.**

Wie bitte? Was heißt/bedeutet ...? Ich verstehe ... nicht.
Das habe ich nicht verstanden. Noch einmal, bitte.
Können Sie das bitte erklären?

Im Restaurant
Gast
Sie lesen die Speisekarte und verstehen
das Wort „Forelle" nicht.

Im Restaurant
Kellner/Kellnerin
Sie erklären:
Forelle ist ein Fisch.

In der Sprachschule
Schüler/Schülerin
Sie füllen eine Anmeldung aus, aber Sie kennen
viele Wörter nicht (Familienname, Vorname,
Wohnort ...). Bitten Sie um Hilfe.

In der Sprachschule
Sekretär/Sekretärin
Helfen Sie bei der Anmeldung.
Erklären Sie die Wörter: Familienname,
Vorname, Wohnort ...

Grammatik

1 Modalverben: *müssen* und *dürfen*

	müssen	dürfen
ich	muss	darf
du	musst	darfst
er/es/sie/man	muss	darf
wir	müssen	dürfen
ihr	müsst	dürft
sie/Sie	müssen	dürfen

2 Modalverben im Satz

	Position 2		Ende
Sie	müssen	dieses Formular	ausfüllen.
Sie	dürfen	hier nicht	rauchen.

3 Pronomen: *man*

Da muss man ein Formular ausfüllen.
– Da müssen <u>alle</u> ein Formular ausfüllen.

4 Verb: Konjugation

	nehmen	helfen
ich	nehme	helfe
du	nimmst	hilfst
er/es/sie	nimmt	hilft
wir	nehmen	helfen
ihr	nehmt	helft
sie/Sie	nehmen	helfen

⌐ Irregular

5 Imperativ

(du)	Komm mit! Sieh im Korb nach!	⚠ Fahr langsam!	⚠ Sei leise!
(ihr)	Lest den Text!		Seid leise!
(Sie)	Füllen Sie das Formular aus.		Seien Sie leise!

Wichtige Wörter und Wendungen

Auf dem Amt: Ziehen Sie eine Nummer.

die Angehörigen • ankreuzen • anmelden •
einen Antrag unterschreiben/abgeben • die Auskunft, ̈e •
das Ausländeramt, ̈er • das Datum • das Dokument, -e •
ein Formular ausfüllen/unterschreiben •
einen Moment warten • eine Nummer ziehen

Das Meldeformular

berufstätig • das Einzugsdatum • der Familienname, -n •
der Familienstand • das Geburtsdatum • das Geburtsland •
der Geburtsname • der Geburtsort • das Geschlecht:
männlich/weiblich • die (bisherige) Hauptwohnung, -en •
die Nebenwohnung, -en • der Ort, -e •
die Staatsangehörigkeit, -en • die Unterschrift, -en •
der Vorname, -n

Die Monate: Januar, Februar ...

der Januar • der Februar • der März • der April • der Mai •
der Juni • der Juli • der August • der September •
der Oktober • der November • der Dezember

Strategien

Darf ich Sie etwas fragen?
Können Sie mir helfen?
Ich brauche eine Auskunft.
Ich verstehe dieses Wort nicht.
Das habe ich nicht verstanden.
Was heißt/bedeutet das Wort?
Können Sie das bitte wiederholen?
Können Sie das bitte erklären?
Wie bitte?
Noch einmal, bitte.
Buchstabieren Sie bitte.

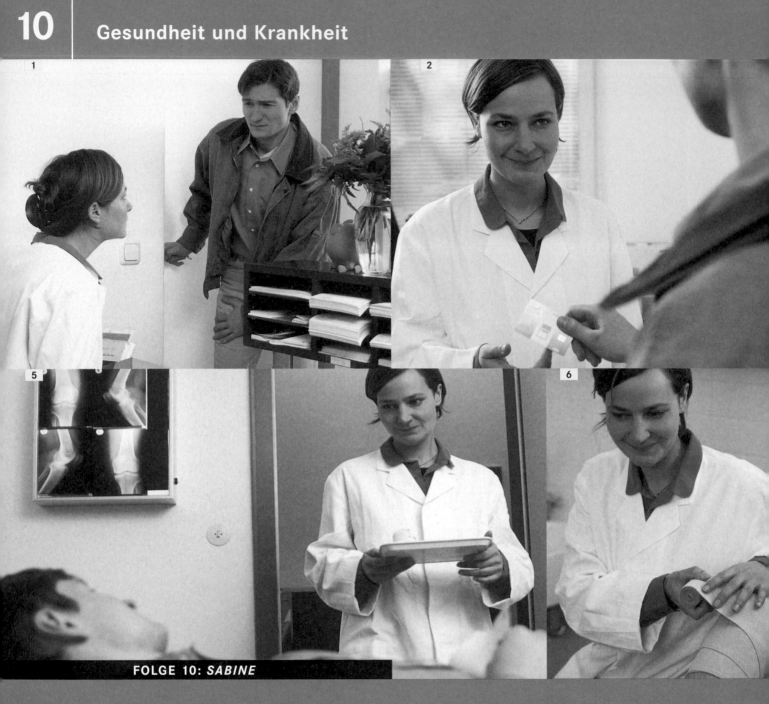

FOLGE 10: *SABINE*

1 **Sehen Sie die Fotos an. Was meinen Sie? Kreuzen Sie an.**

a Wo ist Niko?   **b** Was sagt Niko?

☐ Beim Arzt.   ☐ Ich habe Fieber.
☐ Auf dem Amt.   ☐ Mein Bein tut weh.

2 **Zeigen Sie. Wo ist ...?**

ein Verband ● ein Knochen ● eine Versichertenkarte

3 **Sehen Sie Foto 7 an. Was meinen Sie: Warum lacht Niko?**   Vielleicht ...   Ich glaube, Niko ...
☺

4 **Sehen Sie die Fotos an und hören Sie.**

CD 1 15

5 Was passiert? Ordnen Sie die Sätze.

☑2 Niko gibt seine Versichertenkarte ab.

☐ Dann sagt der Arzt: Niko kann eine Woche nicht arbeiten.
Er gibt Niko eine Krankmeldung.

☐ Der Arzt sieht Nikos Bein an. Es ist nicht gebrochen.

☐ Niko bekommt einen Verband und Salbe.

☐ Die Arzthelferin sagt: Niko braucht jeden Tag einen neuen Verband.

☑1 Niko kommt zum Arzt. Er hatte einen Unfall. Sein Bein tut weh.

6 Ergänzen Sie: Versichertenkarte ● Krankmeldung

a Der Arzt schreibt eine .... Hier steht, wie lange man nicht arbeiten kann/darf.
Man muss sie in der Firma / beim Arbeitgeber abgeben.

b Man muss die .... in der Arztpraxis zeigen. Sie ist von der Krankenversicherung.

CD 1 16

A1 **Ordnen Sie das Gespräch. Hören Sie dann und vergleichen Sie.**

☑2 Ja, ich hatte einen Unfall. Ich bin auf der Treppe hingefallen.

☐ Oh je, Ihr Bein! Das sieht aber nicht gut aus.

☐ Vor ein paar Stunden. – Mein Bein tut so weh! Ich kann fast nicht mehr gehen.

☐ Wann ist das passiert?

A2 **Was sagt Niko? Sprechen Sie.**

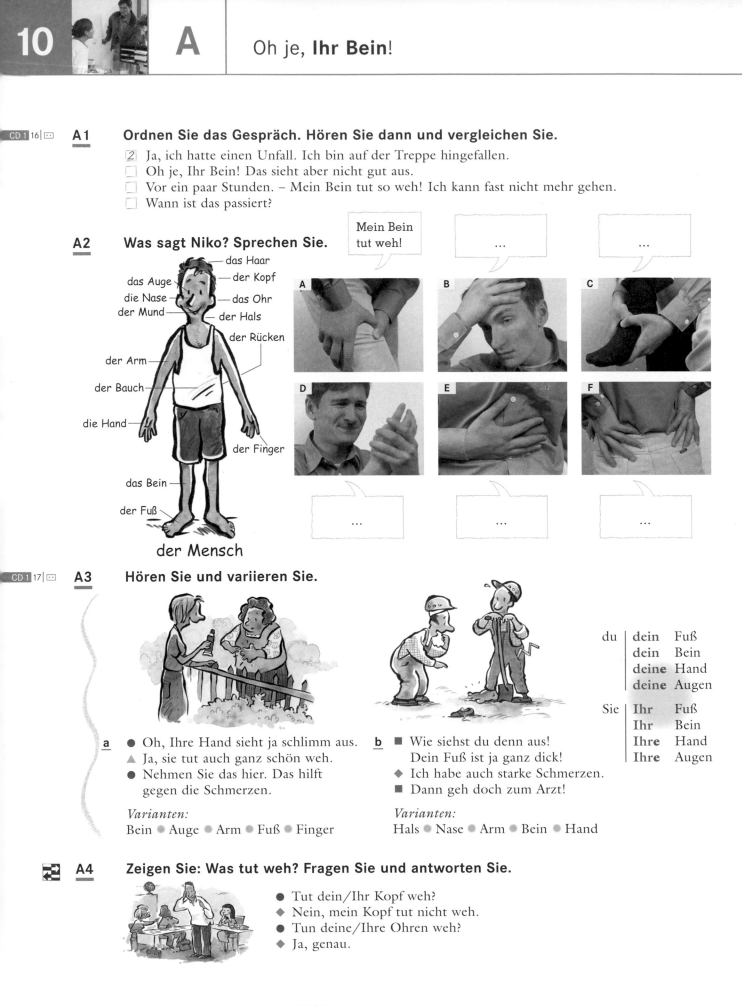

das Haar
das Auge — der Kopf
die Nase — das Ohr
der Mund — der Hals
der Rücken
der Arm
der Bauch
die Hand
der Finger
das Bein
der Fuß

der Mensch

Mein Bein tut weh!

CD 1 17

A3 **Hören Sie und variieren Sie.**

a ● Oh, Ihre Hand sieht ja schlimm aus.
▲ Ja, sie tut auch ganz schön weh.
● Nehmen Sie das hier. Das hilft gegen die Schmerzen.

Varianten:
Bein ● Auge ● Arm ● Fuß ● Finger

b ■ Wie siehst du denn aus!
Dein Fuß ist ja ganz dick!
◆ Ich habe auch starke Schmerzen.
■ Dann geh doch zum Arzt!

Varianten:
Hals ● Nase ● Arm ● Bein ● Hand

du	dein	Fuß
	dein	Bein
	deine	Hand
	deine	Augen
Sie	Ihr	Fuß
	Ihr	Bein
	Ihre	Hand
	Ihre	Augen

A4 **Zeigen Sie: Was tut weh? Fragen Sie und antworten Sie.**

● Tut dein/Ihr Kopf weh?
◆ Nein, mein Kopf tut nicht weh.
● Tun deine/Ihre Ohren weh?
◆ Ja, genau.

B1　**Hören Sie die Gespräche und ergänzen Sie.**

Meine ● Sein ● ihre ● sein

a　● Mama, warum kommt Niko heute nicht?
　　▲ Niko ist krank. _Sein_ Bein tut sehr weh.
　　● Ist _Sein_ Bein gebrochen?
　　▲ Nein, Gott sei Dank nicht.

b　■ Martin-Luther Schule, Sekretariat, Koch.
　　▲ Guten Morgen, Schneider hier. _Meine_ Tochter Sara kann heute nicht zur Schule kommen, _Ihre_ Hand tut sehr weh.
　　■ Oh, das tut mir leid.

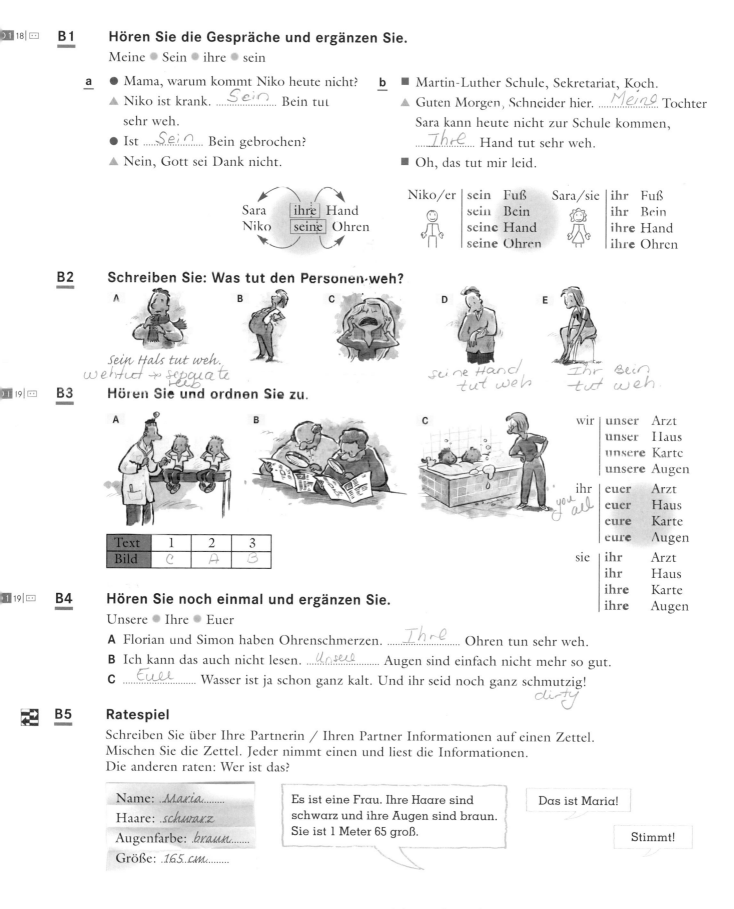

Sara | ihre | Hand
Niko | seine | Ohren

Niko/er | sein Fuß
| sein Bein
| seine Hand
| seine Ohren

Sara/sie | ihr Fuß
| ihr Bein
| ihre Hand
| ihre Ohren

B2　**Schreiben Sie: Was tut den Personen weh?**

A　_Sein Hals tut weh._ _wehtut → separate_
B
C
D　_seine Hand tut weh_
E　_Ihr Bein tut weh._

B3　**Hören Sie und ordnen Sie zu.**

A
B
C

Text	1	2	3
Bild	C	A	B

wir | unser Arzt
| unser Haus
| unsere Karte
| unsere Augen

ihr | euer Arzt
| euer Haus
| eure Karte
| eure Augen _you all_

sie | ihr Arzt
| ihr Haus
| ihre Karte
| ihre Augen

B4　**Hören Sie noch einmal und ergänzen Sie.**

Unsere ● Ihre ● Euer

A Florian und Simon haben Ohrenschmerzen. _Ihre_ Ohren tun sehr weh.
B Ich kann das auch nicht lesen. _Unsere_ Augen sind einfach nicht mehr so gut.
C _Euer_ Wasser ist ja schon ganz kalt. Und ihr seid noch ganz schmutzig! _dirty_

B5　**Ratespiel**

Schreiben Sie über Ihre Partnerin / Ihren Partner Informationen auf einen Zettel.
Mischen Sie die Zettel. Jeder nimmt einen und liest die Informationen.
Die anderen raten: Wer ist das?

Name: _Maria_
Haare: _schwarz_
Augenfarbe: _braun_
Größe: _165 cm_

Es ist eine Frau. Ihre Haare sind schwarz und ihre Augen sind braun. Sie ist 1 Meter 65 groß.

Das ist Maria!

Stimmt!

CD 1 20

C1 **Hören Sie und schreiben Sie. Sprechen Sie.**

| Bleiben Sie eine Woche zu Hause! | Entschuldigung, ich verstehe nicht. |  Der Doktor sagt, Sie sollen eine Woche zu Hause bleiben. |

a Gehen Sie in die Apotheke!
b Geben Sie das Rezept ab!
c Kaufen Sie die Salbe!
d Kommen Sie morgen wieder!
e Machen Sie den Verband neu!

a *Der Doktor sagt, sie sollen ...*
b *Der Doktor sagt, ...*

Bleiben Sie zu Hause!
Der Doktor sagt: Sie | sollen | zu Hause | bleiben |.

CD 1 21

C2 **Hören Sie und variieren Sie.**

● Muss ich wirklich die Medizin nehmen?
■ Ja, der Arzt hat doch gesagt,
   du sollst drei Tabletten nehmen!
● Was, ich soll drei Tabletten nehmen?

ich	soll
du	sollst
er/sie	soll
wir	sollen
ihr	sollt
sie/Sie	sollen

Varianten:
alles trinken – viel Tee trinken ● im Bett bleiben – nicht aufstehen ●
ruhig sein – nicht so viel sprechen ● schon schlafen – sehr viel schlafen

CD 1 22

C3 **Gesundheitstelefon: Hören Sie und notieren Sie.**

Anrufer	Gesundheitsproblem	Rat
Herr Lex	*Fieber*	■ im Bett *bleiben* ■ viel *trinken*
Frau Schmidt	*Kopf*	■ mehr Pausen *machen* ■ die Fenster jede Stunde *öffnen*
Ben		■ nicht in die *Schule gehen* ■ Halstabletten *kaufen*

C4 **Was sollen die Personen tun? Schreiben Sie.**

Herr Lex soll im Bett bleiben. Er soll viel trinken.

C5 **Im Kurs: Geben Sie Gesundheits-Tipps.**

Meine Freundin ... / Mein Sohn ... / Mein/e ... / Ich ...

Meine Mutter hat oft Rückenschmerzen.

Dann soll sie mehr Sport machen.

Kann nicht schlafen
Spazieren gehen · Halsschmerzen · Keinen Kaffee trinken
Fieber · im Bett bleiben · zu dick · keine Schokolade essen
Wasser vor dem Essen trinken · Tabletten nehmen · Sport machen

D1 **Hören Sie: Welche Krankmeldung passt?**

☐ A

☐ B

D2 **Notieren Sie zuerst: Wer spricht diese Sätze? Ordnen Sie dann das Gespräch.**

a	C	Ach, guten Morgen, Herr Braun.	2
b	A	Ja, Braun hier. Guten Morgen.	1
c	C	Das tut mir leid. Wie lange müssen Sie denn zu Hause bleiben?	4
d	A	Ich kann heute nicht kommen. Ich bin krank und liege im Bett.	3
e	A	Ich gehe heute zum Arzt. Dann wissen wir mehr.	5
f	C	Ja dann: Gute Besserung, Herr Braun. Auf Wiederhören.	8
g	A	Mache ich.	7
h	C	Schicken Sie uns bitte die Krankmeldung.	6

Chef = C /
Arbeiter = A

D3 **Hören Sie das Gespräch aus D2 und vergleichen Sie.**

D4 **Lesen Sie den Brief und ordnen Sie zu.**

der Absender — Maria Kerner · Hohenzollernstraße 1 · 96049 Bamberg
die Postleitzahl

die Hausnummer — An die
der Ort — Intersprach-Schule
die Straße — Heiliggrabstraße 11
der Empfänger — 96052 Bamberg

Bamberg, 8. November 20...

der Betreff — Krankmeldung
die Anrede
das Datum

Sehr geehrte Frau Wilms,

Liebe Wilms → informal

leider kann ich zwei Wochen nicht in Ihren Kurs kommen.
Ich bin krank. Anbei finden Sie die Krankmeldung. Bitte
geben Sie Frau Piwon die Arbeitsblätter für die nächsten
Stunden mit.

die Unterschrift — Mit freundlichen Grüßen
der Gruß
Maria Kerner

D5 **Unterstreichen Sie in diesem Brief:**

Warum kommt Frau Kerner nicht in den Kurs? Wie lange kommt sie nicht? Was soll die Lehrerin tun?

D6 **Schreiben Sie einen Brief.**

Ihr Kind ist krank. Sie können nicht zum Deutschkurs kommen.
Die Lehrerin soll Frau Mattei die Hausaufgaben aufschreiben.

anrufen: to call

CD 1 25 **E1** **Hören Sie das Gespräch und kreuzen Sie an.**

a Wo ruft der Mann an?
☒ In der Arztpraxis.
☐ In der Apotheke.
☐ Im Krankenhaus.

b Was möchte der Mann?
☒ Einen Termin bekommen.
☐ Eine Krankmeldung bekommen.
☐ Sich krank melden.

Termin → appointment

CD 1 25 **E2** **Hören Sie noch einmal und ergänzen Sie das Gespräch.**

heute ● sofort ● später ● morgen ● gleich

today right latt soon
now mannag

> **Dr. med. Rolf Meyer**
> Arzt für Innere Medizin
>
> Sprechzeit: Mo. - Fr.   8.30 - 11.00
> Mo. Di. Do.   16.00 - 18.30
> und nach Vereinbarung   Tel. 77 62 3

Praxis Dr. Meyer, guten Tag.

Guten Morgen, hier Weißhaupt.
Könnte ich bitte einen Termin haben?

Wann haben Sie denn Zeit,
Herr Weißhaupt? Am Vormittag
oder am Nachmittag?

Nein, ich möchte bitte ...sofort... kommen.
Es ist dringend.

Ach so, ja mal sehen. Morgen
um 11.30 Uhr habe ich etwas frei.

Erst ...morgen...? Geht es vielleicht
...heute... noch?

Hm, der Herr Doktor kommt
heute erst am Nachmittag.

Könnte ich einfach ...später... vorbeikommen?

In Ordnung. Kommen Sie aber
nach 16 Uhr.

Vielen Dank. Bis ...gleich....

Bis gleich → see you soon

E3 **Rollenspiel: Spielen Sie Telefongespräche.**

Arzttermin
Rufen Sie bei einem Arzt an.
Sie wollen heute noch kommen.
Sie haben Schmerzen.

Arzttermin
Sie arbeiten in einer Arztpraxis.
Heute ist kein Termin mehr frei.
Morgen und übermorgen haben
Sie noch Termine frei.

Frisörtermin
Rufen Sie beim Frisör an.
Sie wollen heute noch kommen.

Frisörtermin
Sie arbeiten bei einem Frisör.
Heute Abend ist ein Termin frei.

Grammatik

1 Possessivartikel: *mein, dein, ...*

	maskulin	neutral	feminin	Plural
ich	mein Arzt	mein Rezept	meine Apotheke	meine Augen
du	dein	dein	deine	deine
er/es	sein	sein	seine	seine
sie	ihr	ihr	ihre	ihre
wir	unser	unser	unsere	unsere
ihr	euer	euer	eure	eure
sie	ihr	ihr	ihre	ihre
Sie	Ihr	Ihr	Ihre	Ihre

2 Modalverb: *sollen*

	sollen
ich	soll
du	sollst
er/es/sie	soll
wir	sollen
ihr	sollt
sie/Sie	sollen

	Nominativ	Akkusativ
⚠ maskulin	mein Fuß	meinen Fuß
	dein Fuß	deinen Fuß
	...	

3 Modalverben im Satz

	Position 2		Ende
Sie	sollen	zu Hause	bleiben.

Wichtige Wörter und Wendungen

Einen offiziellen Termin vereinbaren

Könnte ich bitte einen Termin haben? Wann haben Sie denn Zeit?
Ich habe nächsten Mittwoch / nächste Woche noch etwas frei.
Es ist dringend.

Über das Befinden sprechen: Mein Bein tut weh!

Mein Bein tut (sehr) weh. / Meine Ohren tun weh.
Ich habe (starke) Ohren-/Hals-/Bauchschmerzen.
Ich bin krank. Ich habe Fieber.
Ihre Hand sieht ja schlimm aus!
Dein Fuß ist ja ganz dick!
Das Bein ist nicht gebrochen.
Gute Besserung.

Körperteile: Kopf, Bein ...

der Arm, -e • das Auge, -n • der Bauch, ⸚e •
das Bein, -e • der Finger, - • der Fuß, ⸚e •
das Haar, -e • der Hals, ⸚e • die Hand, ⸚e •
der Kopf, ⸚e • der Mund, ⸚er • die Nase, -n •
das Ohr, -en • der Rücken, -

Handlungsanweisungen geben: Bleiben Sie im Bett!

Bleiben Sie im Bett.
Sie müssen zu Hause bleiben.
Geh doch zum Arzt.
Schicken Sie uns bitte die Krankmeldung.
Der Doktor sagt, Sie sollen Tabletten nehmen.

Arzt und Gesundheit

die Apotheke, -n • der Arzt, ⸚e •
die Ärztin, -nen • der Doktor, -en •
das Gesundheitsproblem, -e • die Praxis, Praxen •
das Krankenhaus, ⸚er • die Krankmeldung, -en •
die Krankenversicherung, -en • die Medizin •
das Rezept, -e • die Salbe, -n • der Schmerz, -en •
die Tablette, -n • der Unfall, ⸚e •
der Verband, ⸚e • die Versichertenkarte, -n

Strategien

Was hat er gesagt? • Oh je. • Was? •
Ach so! • Mal sehen.

FOLGE 11: *GUSTAV HEINEMANN*

1   **Sehen Sie die Fotos an. Was meinen Sie?**

a   Wen sucht Niko?

b   Warum hat Niko Blumen dabei?

> Ich glaube,
> Niko …

2   **Was ist richtig?**

Niko nimmt ....

der Zug   die Straßenbahn   die U-Bahn   das Taxi   der Bus

CD 2 01

3   **Sehen Sie die Fotos an und hören Sie.**

4 Ergänzen Sie.

U-Bahn ● Sabine ● Goetheplatz ● Arzt ● Bein ● 12 ● Goetheplatz

Niko geht zum Arzt. Er hat Blumen dabei und möchte ....Sabine........ besuchen.

Aber sie ist nicht da. Niko sucht im Telefonbuch ihre Adresse: Sie wohnt in der

Gustav-Heinemann-Straße am ....*Goetheplatz*.... . Zum .... muss man

mit der .... fahren. Niko findet das richtige Haus nicht sofort.

Er sucht die Hausnummer .... Leider ist Sabine nicht zu Hause.

Aber ihr Sohn ist da. Er sagt, Sabine ist beim .... Zum Glück kommt

sie gerade zurück. Sie hat auch ihr .... verletzt, sie ist auch hingefallen.

CD 2 02 ▭ **A1** **Hören Sie noch einmal und variieren Sie.**

▲ Wie weit ist es zum Goetheplatz? Kann ich dahin zu Fuß gehen? | der Bus → **mit dem** Bus
● Zu Fuß? Nein, das ist viel zu weit. Sie müssen mit der | das Taxi → **mit dem** Taxi
U-Bahn fahren. | die U-Bahn → **mit der** U-Bahn

Varianten:
mit dem Bus ● mit dem Taxi ● mit der Straßenbahn | ⚠ **zu Fuß**

CD 2 03 ▭ **A2** **Welche Verkehrsmittel nimmt Herr Weber? Hören Sie und schreiben Sie.**

Herr Weber fliegt mit dem Flugzeug. *Er fährt mit* ....

A3 **Was passt? Ordnen Sie zu.**

● Entschuldigung, wo ist hier die nächste U-Bahn-Station? | die **erste** Straße
◆ Ganz einfach, … | die **zweite** Straße
| die **dritte** Straße

a … Sie gehen zuerst geradeaus und dann die dritte Straße links.
b … gehen Sie immer geradeaus. Die U-Bahn-Station ist rechts.
c … gehen Sie hier nach links und dann circa 100 Meter geradeaus. Da ist schon die U-Bahn.

Text	a	b	c
Bild			

CD 2 04 ▭ **A4** **Hören Sie und zeichnen Sie den Weg.**

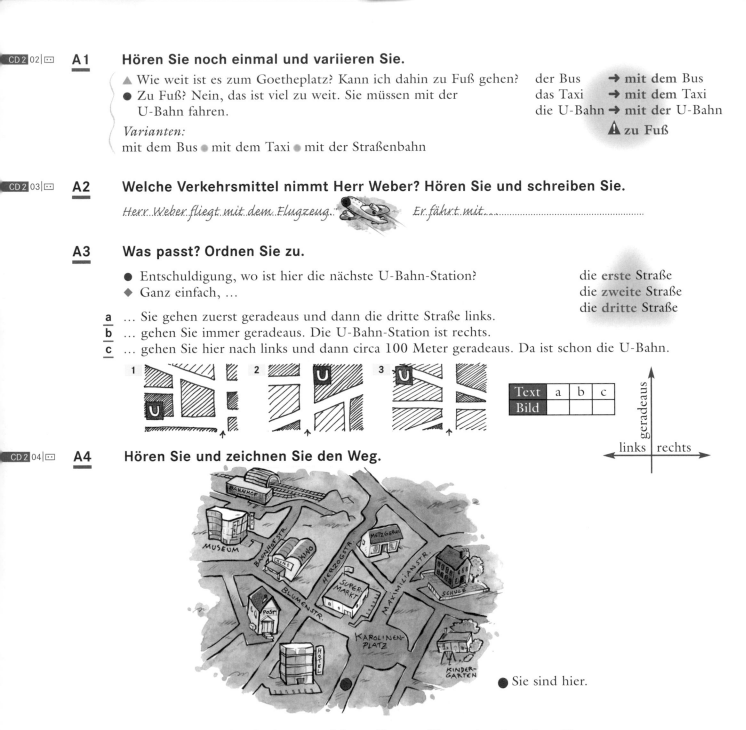

● Sie sind hier.

A5 **Sehen Sie den Stadtplan aus A4 an. Fragen Sie und antworten Sie.**

Entschuldigung, | *Gehen Sie immer geradeaus.*
ich suche den Bahnhof, das Kino, … | *Sie gehen zuerst geradeaus und dann die zweite Straße rechts.*
Wo ist hier der Kindergarten? | *Tut mir leid, ich bin auch fremd hier.*
Ist hier eine Post in der Nähe? | *Ja, gehen Sie geradeaus und nach 300 Metern links.*

A6 **Ihre Wege: Zeigen Sie auf einem Stadtplan.**

Hier wohne ich. Dort ist die Schule. Ich fahre zuerst mit der Straßenbahn.
Dann gehe ich 100 Meter geradeaus. Die Schule ist links.

02 05

B1　**Hören Sie noch einmal und variieren Sie.**

▲ Die Gustav-Heinemann-Straße?
　Kennst du die?
■ Die ist gleich hier:
　Da! An der Ampel links.
▲ Vielen Dank.

	Wo?	
der Kindergarten	➜ **am** Kindergarten	an + dem = **am**
das Kino	➜ **am** Kino	*ebenso:*
die Post	➜ **an der** Post	in + dem = **im**

Varianten:
am Kindergarten ● am Kino ● am Krankenhaus ● an der Post

B2　**Sehen Sie das Bild an und ordnen Sie zu.**

1 Die Bank ist
2 Das Auto steht
3 Der Bus steht
4 Das Flugzeug ist
5 Die Kinder sind
6 Der LKW steht
7 Das Hotel ist
8 Die Post liegt
9 Die U-Bahn fährt

a an der Bushaltestelle.
b auf dem Parkplatz.
c hinter der Post.
d in der Schule.
e neben der Post.
f über der Stadt.
g unter den Häusern.
h vor dem Krankenhaus.
i zwischen der Bank und der Apotheke.

🔲 an		
🔲 auf		
🔲 hinter	**dem**	Parkplatz
🔲 in	**dem**	Kino
Wo? 🔲 neben	**der**	Schule
🔲 über	**den**	Häusern
🔲 unter		
🔲 vor		
🔲●🔲 zwischen		

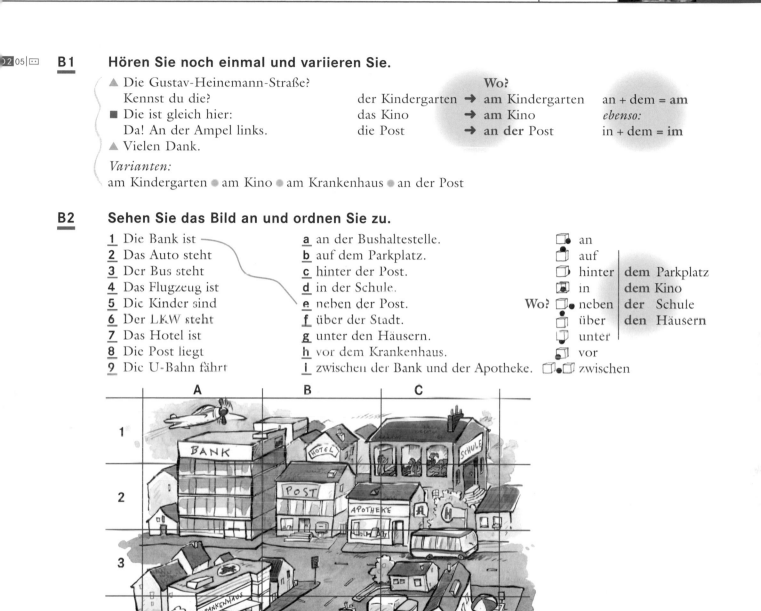

B3　**Sehen Sie das Bild aus B2 an. Fragen Sie und antworten Sie.**

Wo ist der
Parkplatz?

Neben dem
Restaurant „Adler".

B4　**Rätsel: Fragen Sie und antworten Sie.**

◆ Ich bin in A4. Wo bin ich?　　◆ Nein.
■ Du bist neben dem Baum.　　■ Du bist vor …

C1   **Hören Sie noch einmal und variieren Sie.**

CD 2 06

a   ▲ Ist Sabine da?
● Nein, meine Mutter ist nicht zu Hause.
Sie ist beim Arzt.

Varianten:
bei Oma ● im Supermarkt ● in Berlin

b   ▲ Ist Sabine da?
● Nein. Sie ist zum Arzt gefahren.

Varianten:
zu Oma ● zur Post ● nach Berlin

Wo? ●	Wohin? ⟶	
beim Arzt	zum Arzt	bei + dem = beim
im Supermarkt	zur Post	zu + dem = zum
in Berlin	nach Berlin/Italien	zu + der = zur
in der Schweiz/Türkei	in die Schweiz/Türkei	
⚠ zu Hause	⚠ nach Hause	

C2   **Was passt? Ordnen Sie zu.**

a   Wo ist Herr Roth?
zu ● in der ● beim ● im

Am Morgen ist Herr Roth schon um 9 Uhr *in der* Stadt.

Er hat einen Termin .... Frisör.

Später ist er .... Schwimmbad.

Am Abend ist er .... Hause.

b   Wohin geht Herr Roth?
nach ● zur ● zur ● nach

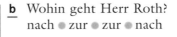

Heute geht Herr Roth .... Post.

Er geht auch .... Bank.

Am Mittag fährt er .... Neuss.

Am Abend fährt er wieder .... Hause.

C3   **Sprechen Sie.**

■ Wo gibt es hier Brot?

▲ In der Bäckerei Schmidt.
Sie ist gleich hier in der Nähe.

Bäckerei Schmidt

▲ Da musst du zur Bäckerei Schmidt gehen. Sie ist gleich hier in der Nähe.

Vitabella
Obst- und
Gemüseladen

Metzgerei
Wohmüller

Löwen-Apotheke

Lohr
Schreibwarengeschäft

C4   **Spiel: Schatzsuche**

Verstecken Sie etwas im Klassenzimmer und schreiben Sie Anweisungen.

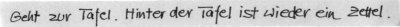

Geht zum Schrank. Im Schrank ist ein Zettel.

Geht zur Tafel. Hinter der Tafel ist wieder ein Zettel.

der Schrank ● die Tafel ●
der Tisch ● der Stuhl ●
das Fenster ● ...

D1 Wo finden Sie diese Pläne? Ordnen Sie zu.

A Ankunft Arrivals

		17:35
LH 880	Köln/Bonn	17:35
LH 3927	Berlin/Tegel	17:40
OE 4467	Varna	

B Flüge von Frankfurt nach Accra

Flug	Abflug	Ankunft	Info	Flugzeugtyp	Wochentage
LH 0564	10:45	16:50		Airbus Industrie A340-300	___MiDo__SaSo
LH 0564	10:50	16:55		Airbus Industrie A340-300	__Di_____

C

Bahnhof/Haltestelle	Datum	Zeit	Gleis
Ulm Hbf	31.07.03	ab 10:05	1
Stuttgart Hbf	31.07.03	an 11:06	9
Stuttgart Hbf	31.07.03	ab 11:27	8
Mannheim Hbf	31.07.03	an 12:05	3
Dauer: 2:00; fährt täglich			

D

Haltestellen			
Marienburg Südpark	20.23	20.38	20.53
Marienburger Str.	20.24	20.39	20.54
Goltsteinstr./Gürtel	20.25	20.40	20.55
Tacitusstr.	20.27	20.42	20.57
Koblenzer Str.	20.28	20.43	20.58
Bonntor	20.29	20.44	20.59
Alteburger Wall	20.30	20.45	21.00
Rolandstr.	20.31	20.46	21.01
Chlodwigplatz	20.33	20.48	21.03

☐ Am Flughafen. ☐ Am Bahnhof. ☐ An der Bushaltestelle. ☐ Am Flughafen oder im Reisebüro.

D2 Welche Informationen finden Sie in D1? Kreuzen Sie an. Was ist richtig?

A ☒ Wann kommt das Flugzeug an?   ☐ Wann fliegt das Flugzeug ab?
B ☐ Welche Flugnummer ist es?   ☐ Hat das Flugzeug Verspätung?
C ☐ Wo muss man umsteigen?   ☐ Was kostet eine Fahrkarte für Jugendliche?
D ☐ Ist der Bus pünktlich?   ☐ Wie oft fährt der Bus?

einsteigen   aussteigen   umsteigen

D3 Lesen Sie die Pläne aus D1 und notieren Sie Informationen.

A Ein Freund kommt aus Berlin zurück.
Sie holen ihn vom Flughafen ab.

> Ankunft: 17.35
> Flugnummer:

B Sie möchten am Mittwoch nach Accra fliegen.

> Abflug: Ankunft:
> Flugnummer:

C Sie fahren von Ulm
nach Mannheim.

> Abfahrt: Ankunft:
> Umsteigen in:

D Sie sind in der Koblenzer Straße und
müssen um 21 Uhr am Chlodwigplatz sein.

> Abfahrt: Ankunft:

D4 Richtig oder falsch? Hören Sie die Durchsagen und kreuzen Sie an.

richtig falsch

a Zwischen Kieferngarten und Garching-Hochbrück muss man mit dem Bus fahren. ☒ ☐
b Die Leute sollen aussteigen. ☐ ☐
c Herr Filiz soll zum Ausgang D23 kommen. ☐ ☐
d Frau Wagner soll ihr Ticket am Schalter 3 abholen. ☐ ☐
e Herr Brunner soll sein Gepäck abholen. ☐ ☐

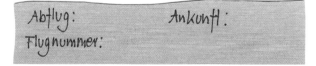

Achtung, eine Durchsage: ...

CD2 08 **E1** **Hören Sie, lesen Sie und ordnen Sie zu.**

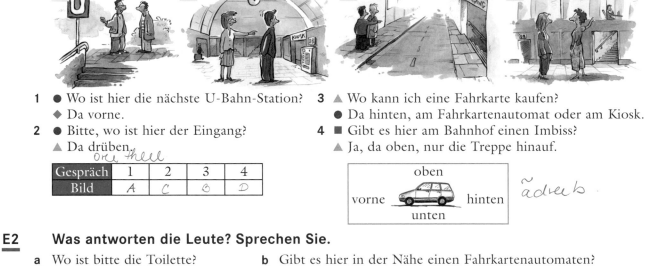

1 ● Wo ist hier die nächste U-Bahn-Station?
  ◆ Da vorne.
2 ● Bitte, wo ist hier der Eingang?
  ▲ Da drüben. *on theer*

3 ▲ Wo kann ich eine Fahrkarte kaufen?
  ● Da hinten, am Fahrkartenautomat oder am Kiosk.
4 ■ Gibt es hier am Bahnhof einen Imbiss?
  ▲ Ja, da oben, nur die Treppe hinauf.

Gespräch	1	2	3	4
Bild	A	C	B	D

oben

vorne   hinten   *adverb*

unten

E2 **Was antworten die Leute? Sprechen Sie.**

a Wo ist bitte die Toilette?

Da hinten.

b Gibt es hier in der Nähe einen Fahrkartenautomaten?

Er ist doch gleich da *vorne*.

c Wo fährt die U5 ab, bitte?

Da unten

d Entschuldigung, wo ist Gleis 18?

Da drüben

CD2 09 **E3** **Information am Bahnhof. Welche Antwort ist richtig?**
Ordnen Sie zu. Hören Sie dann und vergleichen Sie.

a Entschuldigen Sie, ich brauche eine Auskunft.
  Wann geht der nächste Zug nach Dresden?
b Auf welchem Gleis fährt der Zug ab?
c Wo ist der Fahrkartenautomat?
d Muss ich umsteigen?
e Eine Fahrkarte nach Salzburg, bitte.
f Eine Frage: Gibt es in Stuttgart
  einen Anschluss nach Ulm?

Ja. Sie haben Anschluss um
  10.30 Uhr mit dem RE 1563. (f)
Er ist direkt am Bahnsteig. (c)
Auf Gleis 17. (b)
one way Einfach oder hin und zurück? (e) *back*
Um 16 Uhr 17. (a)
Ja, in Leipzig. (d)

E4 **Sehen Sie die Kärtchen an. Was können Sie sagen?**

Am Bahnhof	Am Bahnhof	Am Bahnhof	Am Bahnhof
Fahrkarte		Zug	

Wo kann ich
Fahrkarten kaufen?

Ich brauche eine
Fahrkarte nach Mannheim.

Grammatik

1 Die Präposition *mit* + Dativ

		maskulin der → dem	neutral das → dem	feminin die → der	Plural die → den
Ich fahre …	mit	dem Zug	dem Auto	der U-Bahn	den Kindern

2 Dativ: lokale Präpositionen auf die Frage „Wo?"

		maskulin	neutral	feminin	Plural
Wo ist Herr Müller? Er ist …	vor	dem Parkplatz	dem Haus	der Schule	den Häusern

Ebenso: *an, auf, bei, hinter, in, neben, über, unter, zwischen*   ⚠ an + dem = **am**
bei + dem = **beim**
in + dem = **im**

3 Lokale Präpositionen auf die Frage „Wohin?"

Wohin ist Sabine gefahren?   **Zum** Arzt. / **Zur** Post.   ⚠ zu + dem = **zum**
Nach Berlin/Italien.   zu + der = **zur**
In die Schweiz.

Wichtige Wörter und Wendungen

Verkehrsmittel: das Auto, …

das Auto, -s • die (U-)Bahn, -en • der Bus, -se • das Flugzeug, -e •
der LKW, -s • die Straßenbahn, -en • das Taxi, -s • der Zug, ¨e

Orientierung: Wo ist …?

Wo ist der Kiosk?	Gehen Sie geradeaus / nach links/rechts. Da drüben. / Da vorne. / Da hinten. / Da oben. / Da unten.
Wo gibt es hier Brot?	In der Bäckerei Schmidt.
Wie weit ist es zum Goetheplatz?	
Kann ich dahin zu Fuß gehen?	Nein, Sie müssen mit der U-Bahn fahren.

Mit dem Zug oder Flugzeug: der Anschluss, …

die Abfahrt • der Abflug, ¨e • die Ankunft • der Anschluss, ¨e • der Ausgang, ¨e •
der Bahnsteig, -e • die Durchsage, -n • die Flug-/Zug-/Busnummer, -n • das Gleis, -e •
die Verspätung • abfahren • abfliegen • ankommen • einsteigen • umsteigen • aussteigen

Am Schalter: Ich brauche eine Auskunft / eine Fahrkarte.

Ich brauche eine Auskunft.	
Wann geht der nächste Zug nach …?	Um …
Auf welchem Gleis fährt der Zug ab?	Auf Gleis …
Wann komme ich / kommt der Zug an?	Um …
(Wo) muss ich umsteigen?	Sie müssen in … umsteigen. Sie haben Anschluss mit dem RE 1563.
Was kostet eine Fahrkarte / ein Flugticket nach …?	
Eine Fahrkarte / Ein Ticket nach Salzburg, bitte.	Einfach oder hin und zurück?
Einfach. / Hin und zurück.	

FOLGE 12: *SUPER SERVICE!*

1   **Sehen Sie die Fotos an. Was meinen Sie? Kreuzen Sie an.**

    a   ☐   Niko möchte eine Waschmaschine kaufen.

    b   ☐   Nikos Waschmaschine funktioniert nicht.

2   **Zeigen Sie.**

    eine Gebrauchsanweisung   einen Stecker   eine Steckdose

CD2 |10| 💬   **3**   **Sehen Sie die Fotos an und hören Sie.**

4 Was ist richtig? Kreuzen Sie an.

	richtig	falsch
a Niko denkt, seine Waschmaschine ist kaputt.	☒	☐
b Die Firma „Easy-Wash" repariert Nikos Waschmaschine.	☐	☐
c Niko hat etwas vergessen: den Stecker.	☐	☐
d Sara findet das Problem.	☐	☐

5 Ergänzen Sie die Namen.

........*Niko*........ hat eine Waschmaschine gekauft. Aber die Maschine funktioniert nicht.

Er ruft bei „Easy-Wash" an. Aber er bekommt keine Hilfe. .... und .... kommen.

Sie sehen sich die Maschine genau an. .... sieht: Das Licht an der Maschine ist nicht an.

Sie steckt den Stecker in die Steckdose. Und die Maschine funktioniert.

A1 Ergänzen Sie.

vor ● nach ● bei

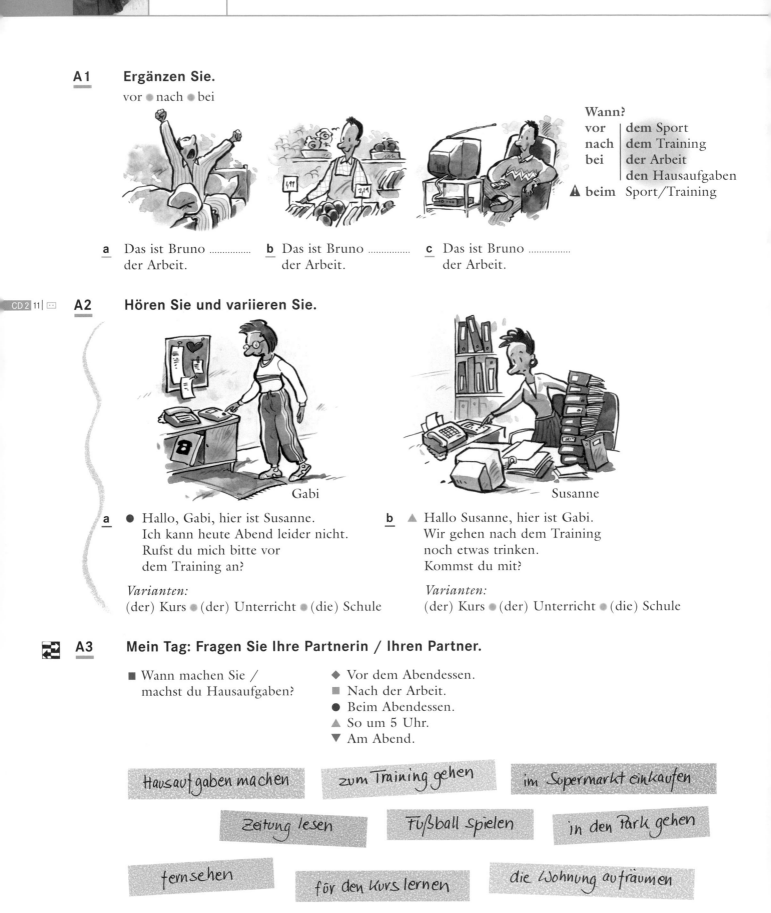

Wann?	
vor	dem Sport
nach	dem Training
bei	der Arbeit
	den Hausaufgaben
⚠ beim	Sport/Training

a Das ist Bruno .... der Arbeit.

b Das ist Bruno .... der Arbeit.

c Das ist Bruno .... der Arbeit.

A2 Hören Sie und variieren Sie.

CD 2 11

Gabi

Susanne

a ● Hallo, Gabi, hier ist Susanne. Ich kann heute Abend leider nicht. Rufst du mich bitte vor dem Training an?

Varianten:
(der) Kurs ● (der) Unterricht ● (die) Schule

b ▲ Hallo Susanne, hier ist Gabi. Wir gehen nach dem Training noch etwas trinken. Kommst du mit?

Varianten:
(der) Kurs ● (der) Unterricht ● (die) Schule

A3 Mein Tag: Fragen Sie Ihre Partnerin / Ihren Partner.

■ Wann machen Sie / machst du Hausaufgaben?

◆ Vor dem Abendessen.
■ Nach der Arbeit.
● Beim Abendessen.
▲ So um 5 Uhr.
▼ Am Abend.

Hausaufgaben machen

zum Training gehen

im Supermarkt einkaufen

Zeitung lesen

Fußball spielen

in den Park gehen

fernsehen

für den Kurs lernen

die Wohnung aufräumen

D2 12 ▢ **B1**   **Hören Sie noch einmal: Wann soll Niko wieder anrufen?**

☐ Heute, nach 16 Uhr.   ☐ Morgen, ab 8 Uhr.

D2 13 ▢ **B2**   **Was hören Sie? Kreuzen Sie an.**

a   Wann soll Frau Klaner   **b**   Wie lange kann   **c**   Ab wann kann man
wieder anrufen?   Herr Sixt anrufen?   am Morgen anrufen?

☐ In einer Stunde.   ☐ Bis achtzehn Uhr.   ☐ Ab achtzehn Uhr.
☐ Morgen.   ☐ Den ganzen Tag.   ☐ Ab acht Uhr.

D2 14 ▢ **B3**   **Hören Sie und variieren Sie.**

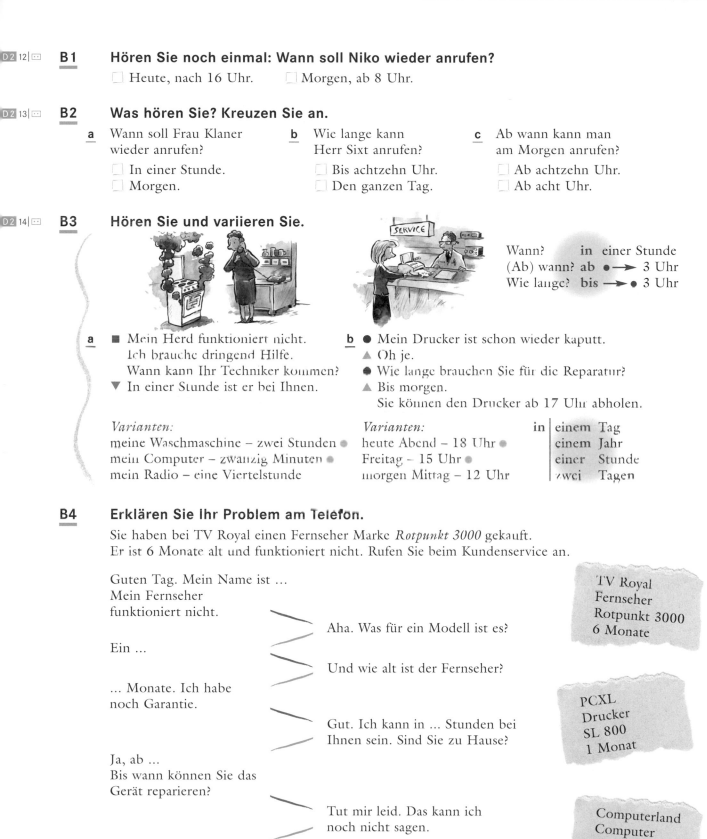

Wann?   **in** einer Stunde
(Ab) wann? **ab** ●——▶ 3 Uhr
Wie lange? **bis** ——▶● 3 Uhr

a   ■ Mein Herd funktioniert nicht.   **b**   ● Mein Drucker ist schon wieder kaputt.
Ich brauche dringend Hilfe.   ▲ Oh je.
Wann kann Ihr Techniker kommen?   ◗ Wie lange brauchen Sie für die Reparatur?
▼ In einer Stunde ist er bei Ihnen.   ▲ Bis morgen.
                                Sie können den Drucker ab 17 Uhr abholen.

Varianten: *Varianten:*   **in** │ einem Tag
meine Waschmaschine – zwei Stunden ●   heute Abend – 18 Uhr ●   │ einem Jahr
mein Computer – zwanzig Minuten ●   Freitag – 15 Uhr ●   │ einer Stunde
mein Radio – eine Viertelstunde   morgen Mittag – 12 Uhr   │ zwei Tagen

B4   **Erklären Sie Ihr Problem am Telefon.**

Sie haben bei TV Royal einen Fernseher Marke *Rotpunkt 3000* gekauft.
Er ist 6 Monate alt und funktioniert nicht. Rufen Sie beim Kundenservice an.

Guten Tag. Mein Name ist …
Mein Fernseher
funktioniert nicht.

                          Aha. Was für ein Modell ist es?

Ein …

                          Und wie alt ist der Fernseher?

… Monate. Ich habe
noch Garantie.

                          Gut. Ich kann in … Stunden bei
                          Ihnen sein. Sind Sie zu Hause?

Ja, ab …
Bis wann können Sie das
Gerät reparieren?

                          Tut mir leid. Das kann ich
                          noch nicht sagen.

Gut. Dann bis später.
Auf Wiederhören.

                          Auf Wiederhören.

TV Royal
Fernseher
Rotpunkt 3000
6 Monate

PCXL
Drucker
SL 800
1 Monat

Computerland
Computer
Tosch 510
2 Wochen

CD 2 15

C1   **Hören Sie. Kreuzen Sie an: Wer ist freundlich ☺, wer ist unfreundlich ☹?**

a Könnten Sie mir bitte helfen?
Meine Waschmaschine funktioniert nicht.
☐ ☺   ☐ ☹

b Mein Computer ist kaputt.
Würden Sie bitte den Techniker schicken?
☐ ☺   ☐ ☹

c Das Faxgerät ist kaputt. Schicken Sie den Techniker!
☐ ☺   ☐ ☹

☹
Helfen Sie mir!
☺
Könnten Sie mir bitte helfen?
Würden Sie mir bitte helfen?

Könnten	Sie mir bitte	helfen?
Könntest	du	
Würden	Sie	
Würdest	du	

C2   **Fragen Sie und antworten Sie.**

■ Könnten Sie / Würden Sie mir bitte die Flasche geben?
◆ Natürlich. / Ja, gern. / Nein, das geht leider nicht.

den Weg zeigen ● die Übung erklären ●
Feuer geben ● den Stift leihen ●
eine Briefmarke leihen ● …

C3   **Sehen Sie die Bilder an. Was sagt die Frau? Ergänzen Sie.**

A
Entschuldigung, Herr Ober, hier ist es sehr warm.
Eine Bitte: Könnten Sie …?

B
Entschuldigung Herr Ober, jetzt ist es aber sehr laut. Könnten Sie bitte …?

C
Hier ist es aber dunkel. Könnten Sie bitte das Licht …?

D
Das Licht brauche ich nicht mehr. Könnten Sie es bitte …?

aufmachen
zumachen
anmachen
ausmachen

C4   **Bitten Sie Ihre Partnerin / Ihren Partner.**

■ Es ist sehr warm. │ Könnten Sie / Könntest du bitte das Fenster aufmachen?
│ Würden Sie / Würdest du …
◆ Ja, natürlich, sofort. / Ja, gleich.

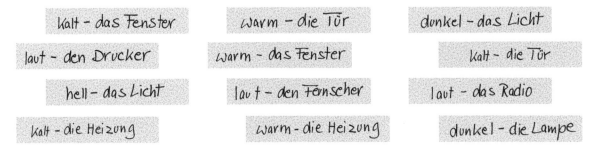

kalt – das Fenster
warm – die Tür
dunkel – das Licht
laut – den Drucker
warm – das Fenster
kalt – die Tür
hell – das Licht
laut – den Fernseher
laut – das Radio
kalt – die Heizung
warm – die Heizung
dunkel – die Lampe

D1 **Was ist das? Ordnen Sie zu.**

das Handy ● die Gebrauchsanweisung ● die Rechnung ● die Chip-Karte

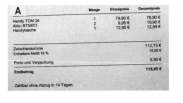

	Menge	Einzelpreis	Gesamtpreis
Handy TOM 24	1	79,90 €	79,90 €
Akku BT54/01	2	9,95 €	19,90 €
Handytasche	1	12,95 €	12,95 €
Zwischensumme			112,75 €
Enthaltene MwSt 16 %			15,55 €
Porto und Verpackung			5,90 €
Endbetrag			118,65 €
Zahlbar ohne Abzug in 14 Tagen.			

....*das Handy*............ ....

a Die Chip-Karte   informiert, wie ein Gerät funktioniert.

b Die Gebrauchsanweisung informiert, was ich bezahlen muss.

c Das Handy   benutzt man zum Telefonieren. Man braucht keinen festen Anschluss.

d Die Rechnung   trägt Informationen, z.B. die Geheimnummer.

D2 **Sehen Sie den Text an.**
Was ist das?

☐ eine Karte zum Geburtstag
☐ eine Rechnung
☐ ein Brief

TOM – mobiles Telefonieren

Am Heidengarten 6
77654 Offenburg
Telefon: +49 - (0)781 - 9172-0
Telefax: +49 - (0)781 9172-10
E-Mail: info@tom.de

Sehr geehrte Kundin, sehr geehrter Kunde,

wir gratulieren: Sie haben ein Produkt von TOM gekauft.
In diesem Startpaket finden Sie alles, was Sie für das mobile
Telefonieren brauchen:

– Ihr TOM-Handy mit Ladegerät.
– Ihre TOM-Karte. Setzen Sie die Karte einfach in Ihr Handy ein.
– Ihre Geheimnummer. Sie ist Ihre Garantie für Sicherheit.
– Die Gebrauchsanweisung.
– Das Heft „Willkommen bei TOM".

Wenn Sie Fragen haben, rufen Sie uns an:
werktags von 09.30 –18.00 Uhr unter Telefon 0781 / 91 72 33.

Ihr TOM-HandyServiceTeam

D3 **Lesen Sie den Text aus D2. Was soll man tun? Kreuzen Sie an.**

☐ Eine Rechnung bezahlen.   ☐ TOM eine Karte schreiben.
☐ Die Karte ins Handy legen.   ☐ Ein Paket schicken.

D4 **Hören Sie ein Gespräch. Wer sagt das?**   Service-Mitarbeiter Kunde

a Was kann ich für Sie tun?   ☒   ☐
b Könnte ich bitte das Service-Team sprechen?   ☐   ☐
c Hier sind Sie richtig.   ☐   ☐
d Würden Sie mir das erklären?   ☐   ☐
e Lesen Sie bitte Seite 7.   ☐   ☐
f Nichts zu danken.   ☐   ☐
g Wenn Sie noch Fragen haben, rufen Sie einfach noch einmal an.   ☐   ☐

E1 CD 2 | 17 |

Hören Sie fünf Ansagen vom Anrufbeantworter: Wer spricht hier?

Ansage

	1	2	3	4	5
Autovermietung					
Reparaturdienst					
Privatperson	x				
Versandhaus					

E2 CD 2 | 17 |

Hören Sie die Ansagen aus E1 noch einmal. Kreuzen Sie an.

1 Was soll der Anrufer tun?
- [ ] Später noch einmal anrufen.
- [ ] Eine andere Nummer anrufen.
- [ ] Eine Nachricht auf das Band sprechen.

2 Was soll der Anrufer tun?
- [ ] Eine Zahl sprechen.
- [ ] Eine Zahl wählen.
- [ ] Eine andere Nummer anrufen.

3 Was soll Herr Schmeller tun?
- [ ] Einen Preis sagen.
- [ ] Das Auto billiger verkaufen.
- [ ] Herrn Graf anrufen.

4 Was soll Frau Merz tun?
- [ ] Eine Waschmaschine bestellen.
- [ ] Ein anderes Modell nehmen.
- [ ] Die Nummer 5 8 0 anrufen.

5 Was soll Herr Winter tun?
- [ ] Ein Auto abholen.
- [ ] Ein Auto bestellen.
- [ ] Die Autovermietung sofort anrufen.

E3

Schreiben Sie eine Ansage für sich. Wählen Sie passende Sätze aus und sprechen Sie auf Band.

Guten Tag. Sie sind verbunden mit ... Leider sind wir nicht zu Hause.
Sie erreichen uns unter der Nummer ...
Bitte sprechen Sie Ihre Nummer auf das Band. Wir rufen zurück.
Bitte rufen Sie später noch einmal an.
Vielen Dank. Auf Wiederhören.

E4

Sprechen Sie auf den Anrufbeantworter.

a Sie haben ein neues Auto gekauft. Es ist ein Tuba SL und erst ein Jahr alt, fährt aber nicht. Sie rufen bei der Werkstatt an.

b Sie haben bei Elektro-Langer einen Kühlschrank Modell Cool 2000 gekauft. Er ist zwei Wochen alt und läuft nicht. Rufen Sie an.

Hier spricht ...
Mein ... funktioniert nicht.
Es ist ein/eine ...
Ich habe noch bis ... Garantie.
Bitte rufen Sie zurück unter ...

Grammatik

1 Temporale Präpositionen: *vor, nach, bei, in* + Dativ

	maskulin	neutral	feminin	Plural
vor	dem Kurs	dem Training	der Arbeit	den Hausaufgaben
nach	dem Kurs	dem Training	der Arbeit	den Hausaufgaben
bei	⚠ beim Sport	⚠ beim Training	der Arbeit	den Hausaufgaben
in	einem Tag	einem Jahr	einer Stunde	zwei Minuten

2 Temporale Präpositionen: *bis, ab*

Wie lange ...?   **Bis** morgen / Montag / sieben Uhr / später.
Ab wann ...?   **Ab** morgen / Montag / sieben Uhr.

3 Höfliche Aufforderung: Konjunktiv II

Könnten Sie mir bitte **helfen**?   **Könntest** du mir bitte die Übung **erklären**?
Würden Sie mir bitte **helfen**?   **Würdest** du mir bitte die Übung **erklären**?

Wichtige Wörter und Wendungen

Beschwerde: Mein Computer ist kaputt.

Meine Waschmaschine funktioniert nicht / ist kaputt.
Ich habe noch bis ... Garantie.
Bis wann können Sie das Gerät reparieren?
Wie lange brauchen Sie für die Reparatur?
Wann kann Ihr Techniker kommen?
Bitte rufen Sie zurück unter ...

Telefon

anrufen •
der Anrufbeantworter, - •
die Ansage, -n •
der Anschluss, ¨e •
das Band, ¨er •
wählen • zurückrufen

Hilfe anbieten und um Hilfe bitten: Könnten Sie ...?

Was kann ich für Sie tun?   Könnten Sie mir bitte helfen?
Würden Sie mir bitte helfen?
Könnte ich bitte ... sprechen?
Ich brauche dringend Hilfe.

Kundendienst

die Gebrauchsanweisung, -en •
die Rechnung, -en •
die Reparatur, -en •
der Reparaturdienst, -e •
der Service

Telefonansagen: Leider sind wir nicht zu Hause.

Leider sind wir nicht zu Hause.
Sie sind verbunden mit ...
Sie erreichen uns unter der Nummer ...
Bitte sprechen Sie auf das Band.
Wir rufen zurück.
Bitte rufen Sie später noch einmal an.

FOLGE 13: *EINS, ZWEI, DREI ... ALLES NEU!*

__1__   **Zeigen Sie.**

eine Jacke ● eine Hose ● ein Hemd ● einen Pullover ● Schuhe ● ein T-Shirt ● einen Gürtel

__2__   **Sehen Sie die Fotos an. Was meinen Sie?**

__a__   Was kauft Niko?
__b__   Warum ist Niko nicht zufrieden?

CD 2 18 ▣   __3__   **Sehen Sie die Fotos an und hören Sie.**

Mein Name ist Angelines. Ich komme aus Colombien. Ich wohne in St Paul.

Ich habe arbeit in 3M

Ich spreche

Ich mochte tanzen, und

und Ich habe eine katze, er name ist Sammy.

2 → A   3 → G   4 → E/H   5 → F   6 → C   7 → I

B → J   9 ← E   10 → D

My name is I

4 **Ergänzen Sie.**

Jacke ● Pullover ● Hose ● Schuhe ● Hemd

Sabine und Niko sind in einem Kleidergeschäft. Sie kaufen Kleidung für Niko.
Niko kauft eine .... , ein .... und einen .... Das ist teuer.
Mehr will Niko nicht kaufen. Aber was sagt Sabine? Oh je, jetzt soll er auch
noch eine .... und .... kaufen!

5 **Was ist richtig? Kreuzen Sie an.**

a ☐ Sabine ist geschieden und hat einen Sohn. Er heißt Mike. Heute ist Mike bei seinem Vater.
Sabine ruft Kurt (Mikes Vater) an. Sie sagt, sie kann erst um fünf Uhr kommen und Mike holen.

b ☐ Sabine ruft in der Arztpraxis an und spricht mit ihrem Chef. Sie sagt, sie kann erst um
fünf Uhr zur Arbeit kommen. Am Nachmittag muss sie bei ihrem Sohn Mike bleiben.

CD 2 19 🔊 **A1** ## Hören Sie und ergänzen Sie.

das Hemd ● die Hose ● der Mantel ● der Pullover ● die Jacke

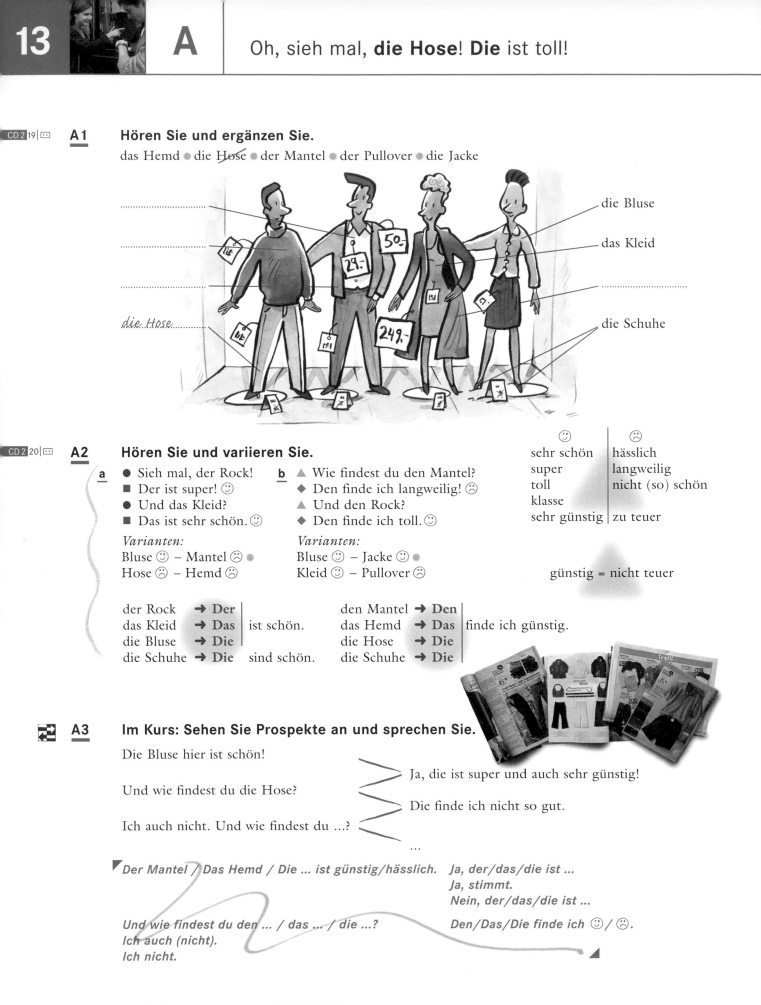

....

.... die Bluse

.... das Kleid

....

die Hose............ ....

die Schuhe

CD 2 20 🔊 **A2** ## Hören Sie und variieren Sie.

a
● Sieh mal, der Rock!
■ Der ist super! ☺
● Und das Kleid?
■ Das ist sehr schön. ☺

b
▲ Wie findest du den Mantel?
◆ Den finde ich langweilig! ☹
▲ Und den Rock?
◆ Den finde ich toll. ☺

	☺	☹
	sehr schön	hässlich
	super	langweilig
	toll	nicht (so) schön
	klasse	
	sehr günstig	zu teuer

Varianten:
Bluse ☺ – Mantel ☹ ●
Hose ☹ – Hemd ☹

Varianten:
Bluse ☺ – Jacke ☺ ●
Kleid ☺ – Pullover ☹

günstig = nicht teuer

der Rock	**→ Der**	
das Kleid	**→ Das**	ist schön.
die Bluse	**→ Die**	
die Schuhe	**→ Die**	sind schön.

den Mantel	**→ Den**	
das Hemd	**→ Das**	finde ich günstig.
die Hose	**→ Die**	
die Schuhe	**→ Die**	

⇄ **A3** ## Im Kurs: Sehen Sie Prospekte an und sprechen Sie.

Die Bluse hier ist schön!

Ja, die ist super und auch sehr günstig!

Und wie findest du die Hose?

Die finde ich nicht so gut.

Ich auch nicht. Und wie findest du ...?

...

▸ *Der Mantel / Das Hemd / Die ... ist günstig/hässlich.*
Und wie findest du den ... / das ... / die ...?
Ich auch (nicht).
Ich nicht.

Ja, der/das/die ist ...
Ja, stimmt.
Nein, der/das/die ist ...

Den/Das/Die finde ich ☺ / ☹.

B1   **Verbinden Sie die Sätze.**

a Die Hose gefällt mir! Und dir?   Doch, der gefällt mir gut, aber er ist zu kurz.
b Sieh mal, das Hemd!   Ich weiß nicht ...
c Gefallen Ihnen die Jacken?   Nein, die gefallen mir nicht so gut.
d Gefällt Ihnen der Pullover nicht?   Schön, das gefällt mir.

		mir.
		dir.
gefallen =	Die Bluse **gefällt**	ihm/ihr.
schön/gut finden	Die Jacken **gefallen**	uns.
		euch.
		ihnen/Ihnen.

D2 21

B2   **Hören Sie und variieren Sie.**

● Und? Wie gefällt Michael das Hemd?
▲ Sehr gut, danke.
● Und die Größe? Passt ihm das Hemd?
▲ Ja, Mutti, die Größe ist genau richtig.

Varianten:
Marie – Kleid – ihr ● Jan – Hose – ihm ●
Luisa – Jacke – ihr ● Wuffi – Pullover – ihm

B3   **Schreiben Sie und sprechen Sie dann in der Gruppe.**

Das gefällt mir in Deutschland. ☺	Das gefällt mir nicht so gut. ☹
meine Arbeit	*das Wetter*

das Wetter ● der Deutschkurs ●
meine Wohnung ● die Arbeit ●
die Geschäfte ● das Essen ● ...

■ Was gefällt Ihnen in Deutschland?
◆ Mir gefällt meine Arbeit und das Essen schmeckt mir.

Der Kaffee	schmeckt mir (nicht) gut.
Das Essen	

Was gefällt dir/Ihnen in Deutschland?   Mir gefällt ...
Mir auch. / Mir nicht.

Was gefällt dir/Ihnen in Deutschland nicht so gut?   Mir gefällt ... nicht so gut.
Mir schon. / Mir auch nicht.

B4   **Sprechen Sie: Wem gehört was?**

■ Christos, gehört die Brille dir?
◆ Nein, die gehört mir nicht.
■ Herr Jelinek, gehört die Brille Ihnen?
● Ja, richtig.
  Semin, gehört der Kugelschreiber dir?

Die Brille gehört mir nicht. =
Das ist nicht meine Brille.

13 | **C** | Mit Hemd siehst du gleich viel **besser** aus.

C1 Ergänzen Sie.

am besten ● gut ● ~~besser~~

<u>a</u>  <u>b</u>  <u>c</u>

	+	++	+++
	gut	besser	am besten

Niko sieht .... aus. Mit Hemd sieht er *besser* aus. So sieht Niko .... aus.

C2 Sehen Sie das Foto in C3 an. Was meinen Sie?

Was ist der Rekord von Christian Adam?

☐ Er kann am besten Geige spielen.
☐ Er kann am besten rückwärts Fahrrad fahren.
☐ Er kann am besten rückwärts Fahrrad fahren und Geige spielen.

C3 Lesen Sie und ergänzen Sie.

Weltrekord im „Fahrrad-Rückwärts-Geigen"

Diesen Rekord macht Christian Adam so schnell keiner nach! Christian Adam ist am Sonntag 113 km Fahrrad gefahren. „Na und? Fahrrad fahren ist doch nicht schwer. Das kann ich auch!", denken Sie jetzt vielleicht. Aber können Sie auch rückwärts fahren und dabei Geige spielen? Das kann Adam sicher besser und genau das hat er auch gemacht – 113 km lang.
Wer ist dieser Christian Adam?
Er ist Musiker von Beruf. In seiner Freizeit fährt er gerne Fahrrad. Noch lieber spielt er Geige. „Aber am liebsten mache ich beides zusammen: Fahrrad fahren und Geige spielen", meint Adam. Das trainiert er jeden Tag: „Ich spiele viel Geige, fahre noch mehr Rad, aber am meisten trainiere ich natürlich beides zusammen." Christian Adam ist sehr zufrieden: Mit diesem interessanten und lustigen Rekord im „Fahrrad-Rückwärts-Geigen" ist er ins Guinness Buch der Rekorde gekommen. Na dann, herzlichen Glückwunsch!

Was macht Christian Adam in seiner Freizeit …

… gern?	… lieber?	… am liebsten?
Fahrrad fahren		

Was trainiert Christian Adam

… viel?	… mehr?	… am meisten?
Geige spielen		

	+	++	+++
	gern	lieber	am liebsten
	viel	mehr	am meisten

C4 Sprechen Sie in der Gruppe.

▲ Was machen Sie in Ihrer Freizeit?
● Am liebsten schwimme ich. Und Sie?
▲ Ich auch. Und ich fahre gern Fahrrad.
■ Ich fahre nie Fahrrad. Ich fahre lieber Auto.

◆ Ich spreche gut Englisch.
● Ich auch. Ich spreche aber noch besser Arabisch.

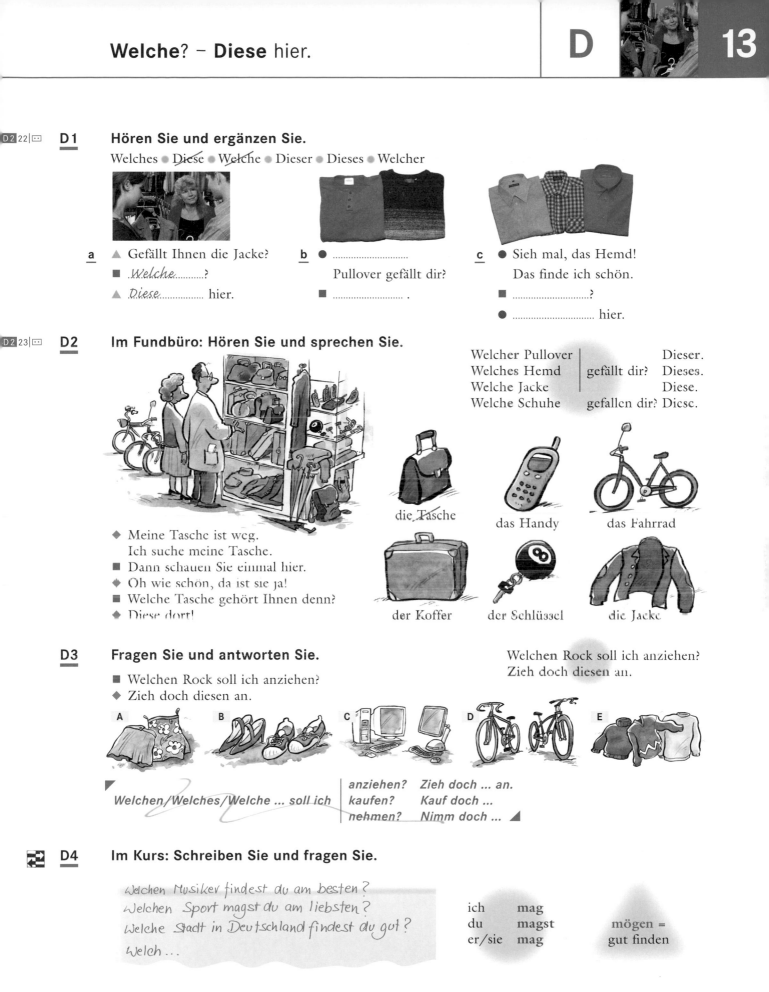

D1 **Hören Sie und ergänzen Sie.**

Welches • Diese • Welche • Dieser • Dieses • Welcher

a ▲ Gefällt Ihnen die Jacke?
  ■ _Welche_..........?
  ▲ _Diese_.............. hier.

b ● ....
  Pullover gefällt dir?
  ■ ....

c ● Sieh mal, das Hemd!
  Das finde ich schön.
  ■ ....?
  ● .... hier.

D2 **Im Fundbüro: Hören Sie und sprechen Sie.**

Welcher Pullover		Dieser.
Welches Hemd	gefällt dir?	Dieses.
Welche Jacke		Diese.
Welche Schuhe	gefallen dir?	Diese.

die Tasche   das Handy   das Fahrrad

der Koffer   der Schlüssel   die Jacke

◆ Meine Tasche ist weg.
  Ich suche meine Tasche.
■ Dann schauen Sie einmal hier.
◆ Oh wie schön, da ist sie ja!
■ Welche Tasche gehört Ihnen denn?
◆ Diese dort!

D3 **Fragen Sie und antworten Sie.**

■ Welchen Rock soll ich anziehen?
◆ Zieh doch diesen an.

Welchen Rock soll ich anziehen?
Zieh doch diesen an.

A   B   C   D   E

Welchen/Welches/Welche ... soll ich	anziehen?	_Zieh doch ... an._
	kaufen?	_Kauf doch ..._
	nehmen?	_Nimm doch ..._

D4 **Im Kurs: Schreiben Sie und fragen Sie.**

Welchen Musiker findest du am besten?
Welchen Sport magst du am liebsten?
Welche Stadt in Deutschland findest du gut?
Welch ...

ich	mag	
du	magst	mögen =
er/sie	mag	gut finden

E1 Lesen Sie und sprechen Sie.

Familie Steinberg geht einkaufen. Wer geht wohin?

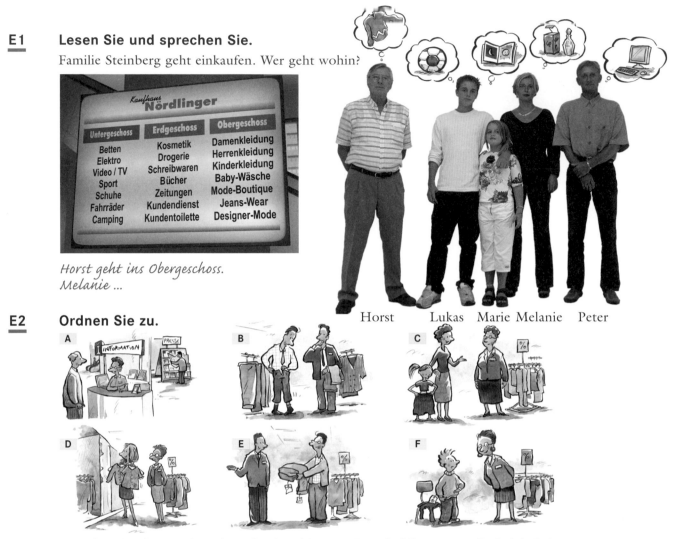

Kaufhaus Nördlinger

Untergeschoss	Erdgeschoss	Obergeschoss
Betten	Kosmetik	Damenkleidung
Elektro	Drogerie	Herrenkleidung
Video / TV	Schreibwaren	Kinderkleidung
Sport	Bücher	Baby-Wäsche
Schuhe	Zeitungen	Mode-Boutique
Fahrräder	Kundendienst	Jeans-Wear
Camping	Kundentoilette	Designer-Mode

Horst geht ins Obergeschoss.
Melanie ...

Horst   Lukas   Marie   Melanie   Peter

E2 Ordnen Sie zu.

A   B   C

D   E   F

1 Haben Sie den Rock auch in Größe 128?
2 Die Hose passt mir nicht. Sie ist zu klein.
  Ich brauche Größe 52.
3 Wo kann ich das bezahlen?

4 Entschuldigung, wo finde ich Zeitungen?
5 Welche Bluse steht mir besser?
6 Gibt es den Pullover auch in Schwarz?

Bild	A	B	C	D	E	F
Text						6

E3 Was sagen Sie im Kaufhaus?

Sie haben eine Jeans und einen Pullover
gefunden und möchten beides kaufen.
Sie finden die Kasse nicht.

Sie haben Hosen anprobiert. Zwei Hosen
gefallen Ihnen sehr gut. Sie wollen aber
nur eine kaufen. Sie wissen nicht welche.

Sie möchten ein Hemd kaufen und
brauchen Hilfe.

Sie haben einen Pullover in
Größe S anprobiert. Der ist zu klein.

Sie haben einen Mantel anprobiert.
Er ist braun. Sie mögen Blau lieber.

Sie möchten Stifte kaufen, aber
Sie wissen nicht wo.

Grammatik

1 Demonstrativpronomen: *der, das, die*

		Nominativ		Akkusativ	
maskulin	der Rock	**Der**		**Den**	
neutral	das Kleid	**Das**	ist super.	**Das**	finde ich langweilig.
feminin	die Bluse	**Die**		**Die**	
Plural	die Hemden	**Die**	sind super.	**Die**	

2 Frageartikel: *welcher*? – Demonstrativpronomen: *dieser*

	Nominativ		Akkusativ	
maskulin	Welcher Rock ...?	Dieser.	Welchen Rock ...?	Diesen.
neutral	Welches Kleid ...?	Dieses.	Welches Kleid ...?	Dieses.
feminin	Welche Bluse ...?	Diese.	Welche Bluse ...?	Diese.
Plural	Welche Hemden ...?	Diese.	Welche Hemden ...?	Diese.

3 Personalpronomen im Dativ

Nominativ	Dativ
ich	**mir**
du	**dir**
er/es	**ihm**
sie	**ihr**
wir	**uns**
ihr	**euch**
sie/Sie	**ihnen/Ihnen**

5 Komparation: *gut, gern, viel*

Positiv	Komparativ	Superlativ
+	++	+++
gut	besser	am besten
gern	lieber	am liebsten
viel	mehr	am meisten

6 Verb: Konjugation

	mögen
ich	**mag**
du	**magst**
er/es/sie	**mag**
wir	**mögen**
ihr	**mögt**
sie/Sie	**mögen**

4 Verben mit Dativ

Singular			Plural		
Der Mantel	**gefällt**	mir.	Die Mäntel	**gefallen**	mir.
Das Hemd	**gehört**	dir.	Die Hemden	**gehören**	dir.
Die Bluse	**passt**	ihm/ihm/ihr.	Die Blusen	**passen**	ihm/ihm/ihr.
	steht	uns.		**stehen**	uns.
		euch.			euch.
		ihnen/Ihnen.			ihnen/Ihnen.

Wichtige Wörter und Wendungen

Kleidung: Hose, Hemd, Jacke, ...

die Bluse, -n • der Gürtel, - • das Hemd, -en • die Hose, -n •
die Jacke, -n • das Kleid, -er • der Mantel, ⸚ •
der Pullover, - • der Rock, ⸚e • der Schuh, -e • das T-Shirt, -s

Kleidung kaufen: Haben Sie den Rock auch in Größe ...?

Haben Sie den Rock auch in Größe ...?
Die Hose ist zu klein / zu groß. Ich brauche Größe ...
Wo kann ich das bezahlen?
Wo finde ich Damenkleidung/...?
Welche Bluse / Welcher Rock / ... steht mir besser?
Gibt es den/das/die ... auch in Schwarz/Blau/...?

Strategien

Und?
Mir gefällt ... Und dir/Ihnen?
Mir auch./Mir nicht.

Mir gefällt ... nicht so gut.
Mir schon. / Mir auch nicht.

Ich finde ... Und du/Sie?
Ich weiß nicht.

FOLGE 14: *PROST NEUJAHR!*

1 **Sehen Sie die Fotos an. Welches Fest ist das? Kreuzen Sie an.**

☐ Neujahr/Silvester   ☐ Geburtstag   ☐ Karneval   ☐ Weihnachten

2 **Kennen Sie „Bleigießen"? Erklären Sie.**

> Ja, das machen wir auch.

> Das ist ein Spiel.

> Man sieht: Was passiert im neuen Jahr? Ich hatte einmal …

CD2 24 **3** **Sehen Sie die Fotos an und hören Sie.**

4 **Richtig oder falsch? Kreuzen Sie an.**   richtig   falsch

a Niko macht eine Silvesterparty.   ☐   ☐
b Nikos Mutter kommt nach Deutschland.   ☐   ☐
c Die Familie macht ein Spiel. Sie gießen Blei.   ☐   ☐

5 **Was passiert im neuen Jahr? Was denken Sara, Mike und Bruno? Ordnen Sie zu.**

1 ⬜ **a** Sara hat einen Hasen. Sie denkt, sie bekommt einen echten Hasen. ☐
2 ∞ **b** Niko hat einen Ehering. Niko und Sabine heiraten, denkt Bruno. ☐
3 🐰 **c** Mike hat eine Eins. Er denkt, er bekommt nur gute Noten in der Schule. ☐

6 **Was meinen Sie? Was passiert im neuen Jahr? Sprechen Sie im Kurs.**

Ich glaube, Sara   Nein, Sara …   Niko und Sabine …
bekommt einen Hasen.

14

16 17 18 1
23 24 25 2
30 31 !!
Silvesterparty
Neles !

A

Und wann ist der **einunddreißigste** Dezember?

A1 **Lesen Sie und ergänzen Sie.**

einunddreißigste ● vierundzwanzigste ● sechste ● erste ● fünfte

Welcher Tag ist heute? Heute ist der .einunddreißigste.. Dezember.

In Deutschland feiert man Silvester.

Morgen ist der .... Januar. Das neue Jahr beginnt.

Heute vor einer Woche war der ....

Dezember. Da feiert man in Deutschland Weihnachten.

Der .... Dezember ist der Nikolaustag.

Die Kinder bekommen zum Beispiel Schokolade und Orangen.

Schon am Abend vor Nikolaus, das ist der ....

Dezember, stellen die Kinder die Schuhe auf.

Dezember				
	49	**50**	**51**	**52**	**1**
Mo	1	8	15	22	29
Di	2	9	16	23	30
Mi	3	10	17	24	(31)
Do	4	11	18	25	1
Fr	5	12	19	26	2
Sa	6	13	20	27	3
So	7	14	21	28	4

1. – 19. ➜ -te

der | erste
zweite
dritte Dezember
vierte
fünfte
sechste
siebte
…

ab 20. ➜ -ste

der | zwanzigste Dezember
…
einunddreißigste
…

A2 **Sehen Sie den Kalender aus A1 an. Fragen Sie und antworten Sie.**

● Was für ein Wochentag ist der vierte Dezember?
▲ Ein Donnerstag.
● Und der zehnte Dezember?

CD 2 25 ⚏

A3 **Was ist richtig? Hören Sie und kreuzen Sie an.**

a Die Hochzeit von Michael und Katrin ist
☐ am vierten Juni.
☒ am vierzehnten Juni.
☐ am 14. Juli.

b Stefan feiert eine Gartenparty:
☐ am zwanzigsten.
☐ am zweiundzwanzigsten.
☐ am dreiundzwanzigsten.

c Silvias Geburtstag ist
☐ am elften April.
☐ am zwölften April.
☐ am 1. April.

d Alex ist im Urlaub:
☐ vom 11. bis 30. August.
☐ vom zwölften bis zum dreißigsten September.
☐ vom 12. bis 30. August.

1 2 3 4 5 6 7 8 9 10 11 12

am vom 5. bis 11. August
3. August

Wann?
Am elften April.
Vom zwölften bis
(zum) dreißigsten August.

⇄ **A4** **Im Kurs: Machen Sie eine Geburtstags-Liste.**

Wann hast du
Geburtstag?

Am zehnten
Januar.

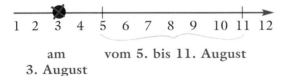

Anna 10. Januar
Olga 22. März
Darek

D2 26

B1 **Hören Sie vier Gespräche und ergänzen Sie.**

~~dich~~ ● sie ● ihn ● sie

a Na, Niko, wie ist es? Kommst du an Silvester? – Prima! – Dann lernen wir auch endlich deine Mutter kennen. Sie besucht *dich.* doch über über Weihnachten und Neujahr?

b Niko bringt eine Freundin mit. Ich kenne .... noch nicht.

c Niko bringt Sabine und Mike mit. Ich habe .... noch nicht gesehen, aber Niko sagt, sie sind sehr nett.

d Niko kommt auch. Wir haben .... eingeladen.

B2 **Lesen Sie noch einmal B1. Wer ist *dich*, ...?**

a dich – *du (Niko)* b sie = ... c sie = ... d ihn = ...

ich	mich
du	dich
er/es/sie	ihn/es/sie
wir	uns
ihr	euch
sie/Sie	sie/Sie

Niko kommt auch.
Wir haben ihn eingeladen.

B3 **Was sagen/denken die Personen? Ergänzen Sie.**

~~mich~~ ● euch ● dich ● ihn ● Sie ● sie

A Er liebt mich, er liebt *mich.* nicht. Er liebt ...

B Ich finde .... ja so toll.

C Liebe Mama, lieber Papa, ich besuche .... am Wochenende ...

D Ich liebe ....

E Wo ist nur die Fahrkarte? Ich habe .... sicher zu Hause vergessen. Mist!

F Tut mir leid, Frau Kurz. Ich habe .... nicht gesehen. Ich hatte es eilig!

B4 **Ratespiel: Siehst du ihn/es/sie auch?**

● Ich sehe einen Schlüssel. Siehst du ihn auch?
▲ Ja. Er liegt dort.

◆ Ich sehe eine Hose in Blau. Siehst du sie auch?
■ Nein. Wo denn?

● Ich sehe zwei Frauen. Ihre Haare sind schwarz. Siehst du sie auch?
▼ Ja, das sind Zahra und Yasemin.

14 C

Sie kann leider nicht kommen,
denn ihre Schwester ist krank.

C1 **Ordnen Sie das Gespräch. Hören Sie dann und vergleichen Sie.**

☐ Dann lernen wir auch endlich deine Mutter kennen.
☐ Sie kann leider nicht nach Deutschland kommen, denn ihre Schwester ist krank.
☐ Ach so, das ist aber schade.
☐ Oh, warum nicht?
☐ Nein, das klappt nicht.

Nikos Mutter kann nicht kommen. Ihre Schwester ist krank.
Nikos Mutter kann nicht kommen, denn ihre Schwester ist krank.

C2 **Richtig oder falsch? Lesen Sie und kreuzen Sie an.**

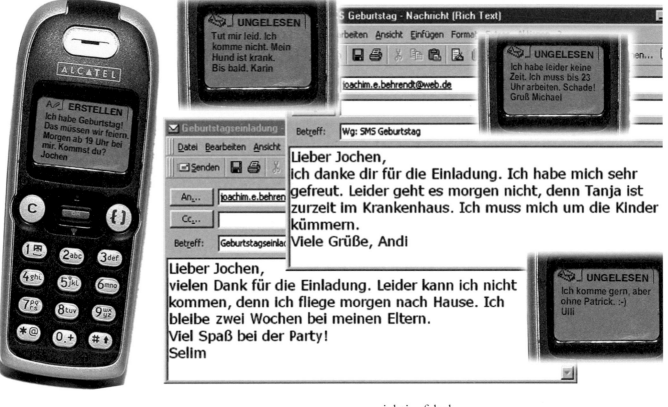

	richtig	falsch
a Karin kommt nicht, denn ihr Hund ist krank.	☐	☐
b Michael hat morgen keine Zeit.	☐	☐
c Ulli hat Zeit.	☐	☐
d Andi kann nicht kommen, denn er ist im Krankenhaus.	☐	☐
e Selim macht zwei Wochen Urlaub in einem Hotel.	☐	☐

C3 **Schreiben Sie auch eine SMS oder eine E-Mail. Warum können *Sie* nicht kommen?**

C4 **Im Kurs: Sagen Sie Ihre Meinung.**

Sport ● Fernsehen ● Fußball spielen ● Lesen ●
Sprachen lernen ● Reisen ● ...

wichtig ● unwichtig ●
interessant ● langweilig ●
toll ● super ● schön ●
fit bleiben ● Spaß machen

Ich spiele nicht gern Fußball,
denn ich will nicht so viel laufen.

Ich mache gern Sport,
denn ich will fit bleiben.

D1 Lesen Sie und ordnen Sie zu.

A

Wir heiraten!

Wann: 14. März um 14 Uhr
Wo: St.-Pauls-Kirche

Anschließend feiern wir im Gasthaus Krone.
Wir bitten um Antwort bis zum 01. März.

Sandra Dörfler   Tobias Hoffmann

B

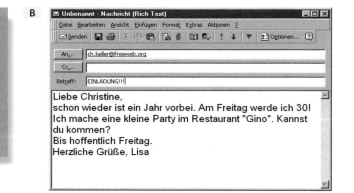

Liebe Christine,
schon wieder ist ein Jahr vorbei. Am Freitag werde ich 30!
Ich mache eine kleine Party im Restaurant "Gino". Kannst
du kommen?
Bis hoffentlich Freitag.
Herzliche Grüße, Lisa

C

Sportverein Mönchsroth

Sonnenstraße 8   91614 Mönchsroth   Tel. 09114 / 23 32   SV

Liebe Mitglieder des Sportvereins,

am 7. Juni findet wieder unser Grillfest
im Sportpark statt.
Wir würden uns freuen, wenn Sie
kommen. Bringen Sie bitte Fleisch
und Salate mit. Für Getränke sorgt
der Verein.

Mit freundlichen Grüßen

Gerhard Hintermayer
(1. Vorstand)

	Text
Hochzeit	
Grillfest	
Geburtstag	

D2 Schreiben Sie eine Einladung.

- Laden Sie Freunde ein.
- Nennen Sie Datum und Uhrzeit.
- Bitten Sie um Antwort.

einladen | zu   einer Party
         | zum Geburtstag/Grillfest
         | zur Hochzeit

Anrede ⟶ Liebe/Lieber ...

Grund ⟶ Ich habe Geburtstag. / Ich feiere meinen Geburtstag /
meine Hochzeit / ...
Ich lade Sie/dich/euch zu/zum/zur ... ein.

Zeit ⟶ Wann: ...

Ort ⟶ Wo: ...

Frage/Bitte ⟶ Können Sie / Kannst du kommen?
Haben Sie / Hast du Zeit?
Bitte antworten Sie / antworte schnell / bis zum ...

Gruß ⟶ Bis bald. / Viele/Herzliche Grüße
(dein/e / euer/eure / Ihr/e) ...

E1 Ordnen Sie zu.

- [ ] Osterhase
- [A] Rakete
- [ ] Sekt
- [ ] Weihnachtsmann
- [ ] Ostereier
- [ ] Weihnachtsbaum

E2 **Was passt wo? Ergänzen Sie.**

Weihnachten	Ostern	Silvester/Neujahr
....	.... *Ostereier*	....
....	....	....

E3 **Sehen Sie die Karten an. Welche Texte passen wo?**

Karte

1 Frohe Ostern!   [A]

2 Herzlichen Glückwunsch zum Geburtstag. [ ]

3 Wir gratulieren zur Hochzeit. [ ]

4 Frohe Weihnachten. [ ]

5 Alles Gute für euch. [ ]

6 Frohes Fest und ein gutes neues Jahr. [ ]

7 Viel Glück im neuen Lebensjahr. [ ]

8 Schöne Ostern! [ ]

CD 2 28

E4 **Hören Sie die Lieder und singen Sie mit.**

a *Zum Geburtstag viel Glück,*
zum Geburtstag viel Glück,
zum Geburtstag, zum Geburtstag,
zum Geburtstag viel Glück.

b *Hoch soll er leben,*
hoch soll er leben,
Dreimal hoch!
Hoch soll sie leben, ...

Alles Gute für | dich.
               | euch.

E5 **Im Kurs: Spielen Sie Gespräche.**

a Sie treffen einen deutschen Freund. Er sagt, er hat heute Geburtstag und lädt Sie zum Kaffee ein.

b Es ist der 24. Dezember. Sie kaufen noch ein. Sie verabschieden sich von der Verkäuferin und wünschen schöne Festtage.

c Sie wissen, Ihre Nachbarin heiratet morgen. Sie treffen sie und gratulieren.

- ■ Hallo, Mario. Wie geht es dir?
- ◆ Danke, gut. Du, ich habe heute Geburtstag.
- ■ Oh, ...

Grammatik

1 Ordinalzahlen: Datum

1. – 19. ➜ -te

1. der **erste**	**Wann?**
2. der **zweite**	Am zweiten Mai.
3. der **dritte**	Vom zweiten bis (zum)
4. der **vierte**	zwanzigsten Mai.
5. der **fünfte**	
6. der **sechste**	
7. der **siebte**	
...	

ab 20. ➜ -ste

20. der **zwanzigste**
21. der **einundzwanzigste**
...

2 Personalpronomen im Akkusativ

Nominativ	Akkusativ
ich	mich
du	dich
er/es/sie	ihn/es/sie
wir	uns
ihr	euch
sie/Sie	sie/Sie

3 Konjunktion: *denn*

Nikos Mutter kann nicht kommen. Ihre Schwester ist krank.
Nikos Mutter kann nicht kommen, **denn** ihre Schwester ist krank.

Wichtige Wörter und Wendungen

Feste: Ostern, ...

der Geburtstag, -e • die Hochzeit, -en • Ostern •
Silvester /Neujahr • Weihnachten

Glückwünsche: Alles Gute!

Alles Gute (zum Geburtstag / zur Hochzeit / im neuen Jahr)!
Alles Gute für dich/euch.
Viel Glück (zum Geburtstag / im neuen Jahr / im neuen Lebensjahr)!
(Ein) Gutes neues Jahr!
Frohe/Schöne Ostern!
Herzlichen Glückwunsch (zum Geburtstag / zur Hochzeit)!
Frohe Weihnachten / Frohes Fest!
Ich gratuliere (zum Geburtstag / ...).

Einladen: Ich lade dich ein.

Ich habe Geburtstag und mache eine Party. Kommst du / Kommt ihr?
Am Freitag werde ich 30. Ich feiere im Restaurant „Gino".
Hast du / Habt ihr / Haben Sie Zeit?
Ich möchte dich/Sie zu meiner Hochzeit einladen.

Zu- und Absagen: Ich kann nicht kommen.

Vielen Dank für die Einladung.
Ich danke dir/Ihnen für die Einladung.
Ich komme gern.
Leider kann ich nicht kommen.
Leider habe ich keine Zeit.
Tut mir leid. Aber es geht nicht. Ich muss ...

**Briefe schreiben:
Liebe/Lieber ...**

Liebe/Lieber ...,
Viele/Herzliche Grüße
Bis bald.
Dein/Deine ...
Euer/Eure ...
Ihr/Ihre ...

Inhalt Arbeitsbuch

 Beruf und Arbeit

Schritt A-E	Aufgaben und Übungen	66-73
Phonetik	-e und -er am Wortende	66
Lerntagebuch	temporale Präpositionen	69
	Fragen und Antworten zur Person	72
Projekt	Stellenanzeigen	72
Prüfungsaufgabe	Hören, Teil 3	72

 Kundenservice

Schritt A-D	Aufgaben und Übungen	100-107
Phonetik	Satzakzent	105
	Laut *ng*	
Lerntagebuch	temporale Präpositionen	103
Projekt	Serviceleistungen	107
Prüfungsaufgabe	Lesen, Teil 2	106

 Ämter und Behörden

Schritt A-E	Aufgaben und Übungen	74-81
Phonetik	Satzakzent Modalverben	75
	Satzmelodie Frage – Aufforderung	76
Lerntagebuch	Modalverben – Konjugation	75, 79
	Lernstrategien – Wortschatz	81
Prüfungsaufgabe	Sprechen, Teil 3	78
	Schreiben, Teil 1	80

 Neue Kleider

Schritt A-E	Aufgaben und Übungen	108-115
Phonetik	Bindung	111
Lerntagebuch	Adjektive	109
	Was mag ich, was mag ich nicht?	113
Prüfungsaufgabe	Sprechen, Teil 2	115

 Gesundheit und Krankheit

Schritt A-E	Aufgaben und Übungen	82-89
Phonetik	Laut *h*, Vokalneueinsatz	89
Lerntagebuch	Possessivartikel	85
Projekt	Wandzeitung: Ärzte in der Umgebung	89
Prüfungsaufgabe	Hören, Teil 3	89

 Feste

Schritt A-C	Aufgaben und Übungen	116-119
Phonetik	Satzmelodie: Satzverbindungen	119
Projekt	Ferientermine	116
	Feste zum Jahreswechsel	118

 In der Stadt unterwegs

Schritt A-E	Aufgaben und Übungen	90-99
Phonetik	Laut *z*	91
Lerntagebuch	lokale Präpositionen	96
	Redemittel: Öffentliche Verkehrsmittel	98
Projekt	Wandzeitung: Öffentliche Verkehrsmittel in unserer Stadt	99

 Wiederholungsstationen
120-127

 Prüfungstraining
128-139

suchen wir
ab sofort
verschiedene

Metallfacharbeiter

Sind Sie
• Mechaniker?
• Schweißer?
• Dreher?

A2 Phonetik
CD3 02 | 📱 **1** **Hören Sie und sprechen Sie nach.**

Lehrer – Lehrerin ● Programmierer – Programmiererin ● Verkäufer – Verkäuferin ●
Schüler – Schülerin ● Partner – Partnerin

CD3 03 | 📱 **Hören Sie noch einmal. Wo hören Sie kein _r_? Markieren Sie: Lehrer**

A2 Phonetik
CD3 04 | 📱 **2** **Hören Sie und sprechen Sie nach. Achten Sie auf _-e, -er_.**

Ich gehe in die Schule. – Ich bin Schüler. ● Ich fahre Bus. – Ich bin Busfahrer. ●
Das ist die Küche. – Das ist das Kinderzimmer.

A2 Phonetik
CD3 05 | 📱 **3** **Hören Sie und ergänzen Sie.**

a ● Der Comput..er.... ist nicht teu..er..... .

  ▲ Ja, ab......... ich möcht......... doch einen Fernseh..........

b Leid.......... kann ich morgen nicht kommen. Auf Wied..........sehen, bis Donn..........stag.

c Welche Wört.......... v..........stehen Sie nicht? Unt..........streichen Sie bitt...........

d Mein.......... Schwest.......... und mein Brud.......... haben kein.......... Kind...........

A2 **4** **Finden Sie noch 11 Berufe und ergänzen Sie.**

~~Pro~~ ● frau ● Kauf ● rin ● fe ● tin ● fah ● Kranken ● Bus ● schwes ● Bauar ● re ● bei ● Haus ● ker ●
Ver ● Schü ● ter ● Stu ● zist ● cha ● frau ● Leh ● den ● ~~gram~~ Poli ● ter ● rer ● ~~mierer~~ ● Me ● ni ●
käu ● rin ● ler

Programmierer | _Programmiererin_

suchen wir
ab sofort
verschiedene

Metallfacharbeiter

Sind Sie
▪ Mechaniker?
▪ Schweißer?
▪ Dreher?

5 **Was sind Sie von Beruf? Was ist Ihr Bruder / Ihre Schwester / Ihr Vater / ... von Beruf? Suchen Sie 6 Berufe im Wörterbuch.**

....

....

6 **Ordnen Sie zu.**

<u>a</u> Arbeiten Sie?   Bei TM-Transporte.
<u>b</u> Was sind Sie von Beruf?   Nein, als Busfahrer.
<u>c</u> Wo arbeiten Sie?   Mechaniker.
<u>d</u> Arbeiten Sie dort als Mechaniker?   Ja.

7 **Ergänzen Sie.**

arbeite ● arbeite ● bin ● bin ● von Beruf ● als ● als Programmierer ●
bei ● bei ● bei ● Lehrer von Beruf

● Was sind Sie _von Beruf_ ?

▲ Ich _bin_ Sekretärin, aber jetzt _arbeite_ ich als Verkäuferin.

■ Ich bin Busfahrer _............._ „Regiotours".

▼ Ich bin Student, aber am Wochenende _arbeite_ ich _als_ Taxifahrer.

◆ Ich _bin_ Programmiererin _bei_ „Hano-Elektronik".

▮ Ich arbeite _bei_ „Compu-AS".

Ich bin _Lehrer von Beruf_, aber ich arbeite jetzt _Programierer_

8 **Ich über mich. Schreiben Sie Ihren Text.**

Ihr Name?

Ihr Herkunftsland?

Ihre Hobbys?

Ihr Beruf?

Arbeiten Sie in Deutschland?   →   +
                                 Als was arbeiten Sie?
                                 Wo arbeiten Sie?

                       ↘   −

                                 Was machen Sie?

Mein Name ist / Ich heiße ....

....

....

....

....

....

....

B1   **9**   *Seit* oder *vor*? Kreuzen Sie an.

		Vor	Seit	
a	▲ Wann sind Sie nach Dresden gekommen?	☐	☐	sechs Wochen
	▲ Und seit wann leben Sie in Deutschland?	☐	☐	drei Jahren.
b	● Marc, seit wann hast du denn eine Freundin?	☐	☐	sechs Monaten.
c	■ Wie lange ist Ihre Mutter schon in Deutschland?	☐	☐	Montag.

B3   **10**   **Ordnen Sie zu.**

a Wann sind Sie geboren?
b Wo sind Sie geboren?
c Wann sind Sie nach Deutschland gekommen?
d Seit wann leben Sie schon in Frankfurt?
e Arbeiten Sie?
f Wie lange sind Sie schon arbeitslos?

Vor zehn Jahren.
Leider schon seit zwei Jahren.
Nein, ich bin jetzt arbeitslos.
In Belgrad.
1970.
Seit einem Jahr.

B3   **11**   Ergänzen Sie: *vor – seit* oder */*

                   ago   since

a ▲ Wie lange haben Sie in Palermo gelebt?   ● ....../...... 20 Jahre.
b ▲ Und seit wann sind Sie in Wiesbaden?   ● ...*seit*... 2 Jahren.
c ▲ Wann haben Sie geheiratet?   ● ...*vor*... 10 Jahren.
d ▲ Wie lange haben Sie in der Rosenstraße gewohnt?   ● ...*/*... 3 Monate.
e ▲ Haben Sie schon eine Arbeit gefunden?   ● Ja, ...*vor*... 3 Monaten.

B3   **12**   **Was ist richtig? Kreuzen Sie an.**

a vor ☐ einer Woche   **b** vor ☐ drei Jahren   **c** seit ☐ fünf Monate   **d** seit ☐ drei Tage
      ☐ eine Woche   ☐ drei Jahre   ☐ einem Monat   ☐ einem Tag

B3   **13**   **Ergänzen Sie.**

▲ Hast du Martin mal wieder getroffen?   ● Ja, vor .... (eine Woche)
▲ Aha. Wie lange ist er denn schon   ● Seit .... (acht Monate)
   wieder hier?   Er ist mit seiner mexikanischen Frau gekommen.
▲ Was? Seit wann ist Martin denn verheiratet?   ● Seit ...*einem*........................... (ein Jahr)
▲ Aha. Spricht seine Frau denn Deutsch?   ● Nicht so gut. Sie lernt erst seit ...*sieben*...
        ...*wochen*........ Deutsch. (sieben Wochen)
▲ Und warum erzählst du das erst jetzt?   ● Ich weiß es ja auch erst seit ....
      (eine Woche)

B3   **14**   **Ergänzen Sie: *seit – vor – von ... bis – am – um – im***

a ▲ Hast du Markus getroffen? ● Ja, ...*vor*... einer Woche.
b   Miriam macht .... zwei Monaten einen Deutschkurs.
c ■ Wie lange arbeiten Sie ...*am*... Freitag? ▼ ...*von*... acht ...*bis*... vierzehn Uhr.
d   Ich kann ...*im*... Wochenende leider nicht kommen.
e ▲ Wie lange kennst du Paolo schon? ■ Erst .... einer Woche.
   Wir haben uns genau .... Sonntag .... einer Woche bei Daniela getroffen.
f ● Wann gehst du heute einkaufen? ...*am*... Nachmittag oder ...*am*... Vormittag?
   ▲ ...*um*... drei Uhr. Ich möchte kurz .... fünf Uhr wieder zu Hause sein.
g ■ Wann kommen deine Eltern? ● ...*Im*... Sommer.

15 **Notieren Sie im Lerntagebuch.**

...Montag... .Dienstag... ....

....

.... Wochenende

...Morgen..... .Vormittag... am

.... um

....drei Uhr......

Ich bin vor ... ——— vor ——— (Zeit) ——— seit *Ich wohne seit ... in Rostock.*

einem Monat, zwei Monat   *einem Monat, zwei Monaten*
ein   Jahr, zwei Jahr   *ein   Jahr, zwei Jahr*
ein   Woche, zwei Woch   *ein   Woche, zwei Woch*
zwei Tag   *zwei Tag*
... nach Deutschland gekommen.   *Montag, Dienstag, ...*
    2002

16 **Was passt? Schreiben Sie die Fragen.**

a Seit wann arbeiten Sie als Taxifahrer? ● Wann haben Sie als Taxifahrer gearbeitet?

.... Vor zehn Jahren.

.... Seit 1995.

b Wie lange lernen Sie schon Deutsch? ● Wie lange haben Sie Deutsch gelernt?

.... Seit drei Monaten.

.... Zwei Jahre.

c Wann bist du nach Italien gefahren? ● Seit wann fährst du jedes Jahr nach Italien?

.... Seit zehn Jahren.

.... Vor zwei Monaten.

17 **Jamila erzählt. Ergänzen Sie *seit* – *vor* und ordnen Sie zu.**

...Vor... zwei Jahren sind wir   als Programmierer.
Mein Mann arbeitet ...seit... acht Monaten   eine Arbeit als Krankenschwester.
...seit... drei Wochen haben wir   wieder einen Deutschkurs.
Ich suche ...seit... einem Jahr   eine schöne Wohnung gefunden.
...vor... einer Woche mache ich   aus Pakistan gekommen.

18 **Schreiben Sie.**

a geboren: 1970 – in Belgrad   Ich bin..............................
b nach Deutschland gekommen –   Vor zehn Jahren........................
    vor zehn Jahren
c in Frankfurt – seit einem Jahr   Seit.................................
d fünf Jahre – Taxifahrer   Ich habe.............................
e arbeitslos – seit zwei Monaten   Seit.................................

C4

19 **Lesen Sie und unterstreichen Sie die Formen von *haben* und *sein*.**

● Wo <u>wart</u> ihr denn am Samstag?
▲ Ich war zu Hause.
■ Wir waren auch zu Hause, wir hatten Besuch. Meine Eltern waren da.
◆ Ich war in der Schule. Meine Kinder hatten Schulfest.
▲ Und wo warst du? Hattest du ein schönes Wochenende?
● Ich war zu Hause, ich habe Kuchen gemacht und und und …
  Ich hatte doch Geburtstag, aber ihr seid nicht gekommen. Ihr habt
  es vergessen!

Füllen Sie die Tabelle aus.

	sein		haben	
ich	.bin..........	....	.habe............	....
du	.bist........	....	....	....
er/es/sie	....	.war............	....	.hatte...........
wir	....	....	....	....
ihr	....	....	....	.hattet.........
sie/Sie	....	....	....	....

C4

20 **Ergänzen Sie.**

a sind ● ~~ist~~ ● ist ● bin ● ~~war~~ ● ~~war~~ ● ~~war~~ ● ~~war~~ ● war ● hatten ● ~~hatte~~ ● hatte

▲ Das ....war........ meine Familie vor 30 Jahren.
Das hier ....ist.......... meine Schwester, sie .war........... da.
vier Jahre alt und sie ....hatte...... Geburtstag. Und das
....sind...... meine Eltern. Mein Vater ....war........ 28 Jahre
alt und meine Mutter ....war...... 25.
Meine Eltern ....hatten...... ein Restaurant.
● Und wer ....ist...... das?
▲ Na, das ....bin...... ich! Da ....war...... ich sechs Jahre alt.
Und ich ....hatte...... einen Hund – Bello.

b ~~ist~~ ● ~~ist~~ ● ist ● sind ● ~~war~~ ● war ● waren ● wart ● hatten ● ~~habe~~ ● habe ● hattet

▲ Und schau mal, das ....ist........ meine Familie heute:
Das ....sind.......... meine Eltern, das ......ist........ meine
Schwester, das ......ist........ mein Bruder.
Ich ....habe...... jetzt keinen Hund mehr. Schade! Aber ich
....habe...... jetzt eine Katze. Schau, das ist Susi.
● Und wo ....wart........ ihr da?
▲ Wir ....waren...... bei Freunden an der Ostsee.
● Oh, schön! Und wie ......war...... das Wetter? ....hattet...... ihr
viel Sonne?
▲ Nein, leider nicht. Das Wetter ......war...... nicht so gut, wir
....hatten...... viel Regen.

21 Ergänzen Sie.

a ▲ *Warst* du auf der Party bei Marion? Ich *war* nicht dort,
ich *war* zu viel Arbeit.
● Ich *war* auch keine Zeit. Ich *habe* einen Computerkurs gemacht.

b ▼ Am Wochenende *waren* wir im Theater, meine Schwester *hat* zwei Karten.
Und was *warst* du gemacht?
■ Ich *war* im Kino.
▼ Und wie *war* der Film?
■ Er *war* wirklich sehr gut.

c ● .... du schon in Berlin?
▲ Ja, wir *waren* vor zwei Monaten dort. Wir *haben* meinen Bruder besucht.

22 Was erzählt Mirko heute? Schreiben Sie.

Vor zwei Jahren

Heute

Ich bin jetzt in Deutschland.
Ich habe keine Arbeit – ich bin arbeitslos.
Ich habe auch keine Freunde.

Mein Bruder und meine Schwester sind schon 5 Jahre in Deutschland.
Sie haben schon eine Arbeit.

Und ich?
Ich mache einen Sprachkurs.
Dann suche ich eine Arbeit.
Dann finde ich auch Freunde.

Vor zwei Jahren bin ich nach Deutschland gekommen.
Ich hatte ....
....
....
....
....
....
....
Und ich? ....
....
....
....
....

D3 Projekt **23** Stellenanzeigen lesen und verstehen

Suchen Sie interessante Anzeigen in der Zeitung und notieren Sie die Informationen. Machen Sie eine Wandzeitung.

> **Reinigungskraft**
> 2 x wöchentlich à 2 Stunden
> für Büro gesucht. 9,- € / Stunde
> **Fa. Allhaus, Tel. 07234–615402**

Arbeitszeit: 4 Stunden, 2 Tage/Woche
Verdienst: 9 Euro

> **Familie sucht Haushaltshilfe**
> für Fr. u. Mo. Vorm., Ferien n. V.
> **T.: 04321 / 68 24**

> **Gärtner/Gärtnerin gesucht**
> Spaß an der Pflanze, flexible Arbeitszeiten,
> 3 x pro Woche 2 Stunden, selbstständiges
> Arbeiten, FS Kl. 3
> **Galakt Immobilien, Tel. 0623 / 207 43 19**

Arbeitszeit: ...

> **Hausmeister gesucht**
> auf 400,- Euro-Basis für Wohnanlage
> **Immobilienverwaltung Kurz**
> **0178 / 877 66 43**

Was bedeutet das? Fragen Sie.

Fa. ● FS Kl. 3 ● Fr. ● Mo. ● Vorm. ● n.V. ● auf 400,- Euro-Basis

---

D3 Prüfung
CD3 06 | ⊡ **24** **Hören Sie. Was ist richtig? Kreuzen Sie an.**

1 Wann arbeitet Frau Sandri am Donnerstag und am Freitag?

a ☐ Am Vormittag.	**b** ☐ Am Nachmittag.	**c** ☐ Am Vormittag und am Nachmittag.

2 Wann ist die Praxis geöffnet?

a ☐ Von Montag bis Mittwoch.	**b** ☐ Von Montag bis Donnerstag.	**c** ☐ Von Montag bis Freitag.

3 Karin ruft ihre Mutter an.

a ☐ Sie möchte eine Reise machen.	**b** ☐ Sie möchte ihre Tochter Hanna zur Mutter bringen.	**c** ☐ Sie möchte ihre Mutter einladen.

D3 **25** **Notieren Sie im Lerntagebuch. Welche Fragen (S. 15) passen für Sie?**
Antworten Sie mit Ihren Angaben.

LERNTAGEBUCH

Ich
Wann sind Sie geboren?   *19..*
Wo haben Sie gelebt / leben Sie?   *In ...*
Wie lange sind Sie in die Schule gegangen?   *... Jahre.*
...

Beruf
Was sind Sie von Beruf?   *Ich bin ...*
Was machen Sie?   *Ich arbeite als ...*
...

26 **Frau Tufaro liest die Anzeige und ruft bei der Bäckerei an.**
Wer sagt was? Lesen Sie und ergänzen Sie:
Frau Tufaro (T), Bäckerei Kaiser (K).

(........) Gut. Wann kann ich mal zu Ihnen kommen?

(..K..) Bäckerei Kaiser, guten Tag.

(........) Guten Tag. Mein Name ist Tufaro. Ich habe Ihre Anzeige gelesen.

(........) Aha, für 2 Stunden. Und wie ist die Arbeitszeit?

(........) 10 Euro.

(........) Sie suchen eine Putzhilfe. Ist die Stelle noch frei?

(........) Kommen Sie doch morgen um 10 Uhr. Wir sind in der Kaiserallee 14.

(........) Montag bis Freitag ab 19 Uhr und Samstag ab 14 Uhr.

(........) Und wie viel bezahlen Sie pro Stunde?

(........) Ja, wir suchen eine Putzhilfe für zwei Stunden pro Tag.

(........) Ja, gut, dann bis morgen.

(........) Bis morgen, Frau Tufaro, auf Wiederhören.

> Wir suchen ab sofort
> **zuverl. Putzhilfe**
> für Bäckerei in Weileralb
> Mo – Sa 2 Stunden
> **Bäckerei Kaiser**
> **Tel.: 08163 / 2221**

27 **Schreiben Sie das Gespräch. Hören Sie dann und vergleichen Sie.**

K: Bäckerei Kaiser, guten Tag.

T: ....

....

....

....

....

....

....

....

....

....

....

....

....

28 **Lesen Sie das Gespräch noch einmal und antworten Sie.**

a Für welche Tage sucht die Bäckerei eine Putzhilfe? ....

b Wie lange ist die Arbeitszeit pro Tag? ....

c Wie hoch ist der Verdienst pro Stunde? ....

9 A

Da **muss** man doch ein Formular **ausfüllen**, oder?

A3

1 **Was passt? Unterstreichen Sie.**

a Ich / ~~Du~~ musst leise sein.
b ~~Wir~~ / Ihr müssen das Formular abgeben.
c ~~Jens und Olga~~ / Er müssen ein Formular ausfüllen.
d ~~Ich~~ / Du muss hier unterschreiben.
e Wir / ~~Maria~~ muss „W" ankreuzen.
f ~~Sie~~ / Niko müssen einen Moment warten.
g ~~Man~~ / Wir muss eine Nummer ziehen.
h Du / ~~Ihr~~ müsst hier „Ja" oder „Nein" ankreuzen.

Ergänzen Sie.

ich/er/sie/man	....
du	....
wir/sie/Sie	....
ihr	....

A3

2 **Bilden Sie Sätze und tragen Sie sie ein.**

a Wo / das Formular / muss / abgeben / ich / ?
b wir / hier / Was / ankreuzen / müssen / ?
c man / muss / hier / machen / Was / ?
d schnell / müsst / Ihr / Deutsch / lernen / .
e am Wochenende / arbeiten / Ich / muss / .

a Wo .... muss .... ich das Formular .... abgeben .... ?
b Was .... müssen .... wir hier .... ankreuzen ?
c Was .... muss .... Man hier .... machen ?
d Ihr .... muss .... Deutsch schnell .... lernen
e am Wochende .... muss .... Ich .... arbeiten

A3

3 **Schreiben Sie.**

Entschuldigung, mein Name ist Fellini. Wo kann ich mein Formular abgeben?

Sie müssen es in Zimmer 107 abgeben.

Wo müssen Herr Koch, Frau Borowski, Frau Teske und Herr Pereira das Formular abgeben?
Herr Koch *muss das Formular in Zimmer* 108 abgeben ....
Frau Borowski *muss das* ....
Frau Teske ....
Herr Pereira ....

Sprechen Sie mit Ihren Namen.

Entschuldigung, mein Name ist ... Wo kann ich ...?

Sie müssen es in Zimmer ...

4 Ergänzen Sie.

können		müssen	
Ich *kann* *das Wort nicht erklären* .		Ich *muss* *noch Hausaufgaben machen* .	
.... du *bitte das Wort erklären* ?		.... du *noch Hausaufgaben machen* ?	
.... Sie .... ?		.... Sie .... ?	
.... ihr .... ?		Ihr	

wollen		möchten	
Ich *will* *keine Übung mehr machen* .		Ich *möchte* *jetzt einen Kaffee* .	
.... du *noch eine Übung machen* ?		.... du *auch* .... ?	
.... Sie .... ?		.... Sie .... ?	
.... ihr .... ?		.... ihr .... ?	

5 Ergänzen Sie *können – müssen – wollen* in der richtigen Form.

a ● Hallo! Du *musst* .... aufstehen, es ist sechs Uhr!

▲ Ich .... heute nicht aufstehen, ich bin krank.

● Ich glaube, du .... nicht aufstehen.

▲ Richtig! Ich .... nicht aufstehen. Jeden Tag .... ich um sechs Uhr aufstehen. Heute nicht!

b ■ Ihr .... jetzt nicht fernsehen, ihr .... noch Hausaufgaben machen.

c ▲ Ben .... nicht so gut Deutsch.

● Doch, aber man .... langsam sprechen.

d ■ Toll, jetzt bist du 18! Jetzt .... du den Führerschein machen.

● Ja, aber ich .... gar nicht.

e ▲ Komm, es ist schon spät, wir .... nach Hause gehen.

f ● Er .... heute nicht zum Unterricht kommen, er .... arbeiten.

3
Phonetik
D3 08 **6** Hören Sie und markieren Sie die Betonung. Sprechen Sie die Dialoge.

a ◆ Ich muss jetzt gehen.
▲ Och, nein!
◆ Doch, ich muss jetzt gehen.

b ■ Kannst du heute kommen?
● Nein, tut mir leid.
■ Du kannst kommen, da bin ich sicher, aber du willst nicht kommen.

c ▼ Ich kann schon lesen.
● Das glaube ich nicht.
▼ Doch, ich kann schon lesen.

d ■ Wir wollen jetzt fernsehen.
◆ Nein, jetzt nicht!
■ Wir wollen aber fernsehen.
◆ Ihr könnt aber jetzt nicht!

7 Notieren Sie im Lerntagebuch.

LERNTAGEBUCH

ich muss, kann, will, möchte
du musst ...
er/sie/man ...

müssen können
wollen möchten

wir ...
ihr ...
sie/sie ...

B2 Phonetik **8**
CD3 09

Hören Sie und markieren Sie die Satzmelodie ↘ ↗. Sprechen Sie nach.

Warten Sie einen Moment? ↗   Warten Sie einen Moment! ▮

Unterschreiben Sie hier! ▮   Bezahlen Sie an der Kasse? ▮

Machen Sie einen Deutschkurs! ▮   Machen Sie viel Sport? ▮

B2 Phonetik **9**
CD3 10

Hören Sie und ergänzen Sie ? oder !

Kommen Sie heute ▮   Kommen Sie heute um fünf ▮   Schlafen Sie gut ▮

Essen Sie ein Brötchen ▮   Essen Sie einen Apfel ▮   Trinken Sie viel Milch ▮

Lernen Sie jeden Tag 10 Wörter ▮   Lernen Sie jeden Tag eine Stunde ▮

B2 **10**

Geben Sie Ratschläge.

a

Ich bin so müde.   (einen Kaffee trinken oder ein bisschen spazieren gehen)

Trinken Sie einen Kaffee oder ....

....

Ich spreche kein Deutsch.   (einen Kurs machen) ....

Ich suche eine Wohnung.   (die Anzeigen in der Zeitung lesen) ....

....

Ich verstehe die Übung nicht.   (Ihre Lehrerin fragen) ....

b

Wir verstehen den Dialog nicht.   (den Dialog noch einmal hören) ....

Was müssen wir jetzt machen?   (den Text lesen) ....

    (die Wörter ergänzen) ....

B4 **11**

Streichen Sie und ergänzen Sie.

? 👤	! 👤	? 👥	! 👥
Schreibst du bald?	~~Schreib~~ bitte bald!	Schreibt ihr bald?	~~Schreibt~~ bitte bald!
Gehst du nach Hause?	.... nach Hause!	Geht ihr nach Hause?	.... nach Hause!
Kommst du?	.... bitte!	Kommt ihr?	.... bitte!
Rufst du an?	.... bitte an!	Ruft ihr an?	.... bitte an!
Stehst du jetzt auf?	.... jetzt auf!	Steht ihr jetzt auf?	.... jetzt auf!
Arbeitest du heute?	.... nicht so viel!	Arbeitet ihr heute?	.... nicht so viel!
Sprichst du immer so schnell?	.... bitte langsam!	Sprecht ihr immer so schnell?	.... bitte langsam!
Liest du den Text?	*Lies*..... bitte den Text!	Lest ihr den Text?	.... bitte den Text!
Nimmst du einen Apfel?	.... einen Apfel!	Nehmt ihr einen Apfel?	.... einen Apfel!
Isst du gern Kuchen?	*Iss*........ nicht so schnell!	Esst ihr gern Kuchen?	.... nicht so schnell!
⚠ Schläfst du schon?	*Schlaf*.. gut!	Schlaft ihr schon?	.... gut!

12 Ergänzen Sie die Dialoge.

Fahrrad fahren oder ein Comic-Heft lesen oder zu Oma gehen oder Fußball spielen ●
aber um 6 Uhr zu Hause sein

a

● Was machen wir jetzt?
■ Ich muss arbeiten, ich habe viel zu tun.
● Und ich?
■ Hast du keine Hausaufgaben mehr?
● Nee, alle gemacht.
■ Na dann *fahr doch Fahrrad oder*
....
....
Aber ....

b

▲ Was können wir jetzt machen?
◆ Habt ihr keine Hausaufgaben mehr?
▲ Nee, alle gemacht.
◆ Na dann *fahrt doch Fahrrad oder*
....
....
Aber ....

13 Ergänzen Sie.

a bitte leise sein
Marcel, *sei bitte leise* .... !   Marcel und Tanja, ... !

b bitte das Fenster zumachen
Mira, *mach* ....
.... !   Mira und Sven, ... !

c bitte das Formular ausfüllen
Niko, ...
.... !   Frau Roth, ... !

d bitte um 8 Uhr kommen
Fatma, ...
.... !   Herr und Frau Schneider, ... !

e bitte die Küche aufräumen
Ellen, ...
.... !   Ellen und Alex, ... !

f bitte den Dialog lesen
Galja und Dragan, ...
.... !   Frau Demingo und Herr Gomez, ... !

g bitte das Buch nehmen und die Übungen machen
Silvana, ...
.... !   Silvana und Neven, ... !

B4 <u>14</u> **Antworten Sie mit doch und bitte.**

> Kann ich Frau Kaiser sprechen?   Warten Sie bitte einen Moment.

> Es ist so langweilig heute!   Lies doch ein Buch!

<u>a</u> ▲ Ich bin so müde.

   ◆ *Schlaf doch eine Stunde!*.. (doch eine Stunde schlafen)

   .... (doch nicht so viel arbeiten)

   .... (doch Urlaub machen)

<u>b</u> ● Irina, verstehst du das Wort da?

   ■ Nein. .... (doch ins Wörterbuch schauen)

<u>c</u> ▲ Wann kann ich kommen, Herr Schulz?

   ◆ .... (bitte um fünf Uhr kommen)

<u>d</u> ■ Ich verstehe Sie nicht. .... (bitte langsam sprechen)

<u>e</u> ● Hast du kein Auto?

   ▼ Nein. .... (mich bitte mitnehmen)

B5 Prüfung <u>15</u> **Sprechen Sie.**

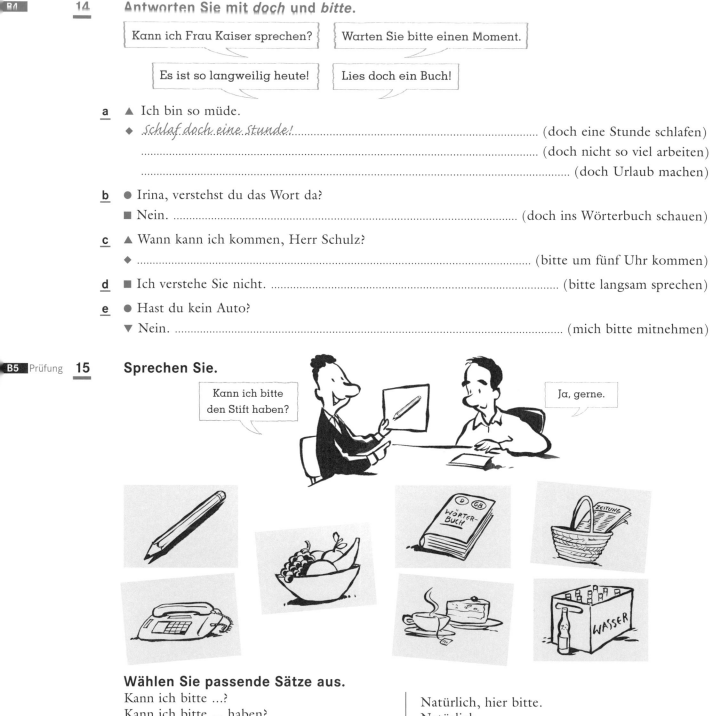

> Kann ich bitte den Stift haben?

> Ja, gerne.

Wählen Sie passende Sätze aus.

Kann ich bitte ...?
Kann ich bitte ... haben?
Kann ich bitte ... nehmen?
Bringen Sie / Bring doch bitte ... mit.
Können Sie / Kannst du bitte ... mitbringen.

Natürlich, hier bitte.
Natürlich.
Ja, natürlich. Entschuldigung.
Ja, gerne.
Kommt sofort.
O.K., mache ich.
Na, klar!
Nein, das geht nicht.
Nein, tut mir leid.

16 **Ergänzen Sie *dürfen* in der richtigen Form.**

a Frau Kurz, Sie .... die Unterschrift nicht vergessen.

b Enrique, du .... hier nicht rauchen.

c Hier .... ihr nicht fotografieren.

d Entschuldigung, ... ich Sie etwas fragen?

e Papa, ... wir jetzt fernsehen?

f .... man hier fotografieren?

17 **Ergänzen Sie.**

Hier dürfen wir fahren. ● Ich darf nicht mitfahren. ● Hier müssen wir warten. ●
Ich kann nicht mitfahren. ● Ich will nicht mitfahren. ● Ich möchte gern mitfahren.

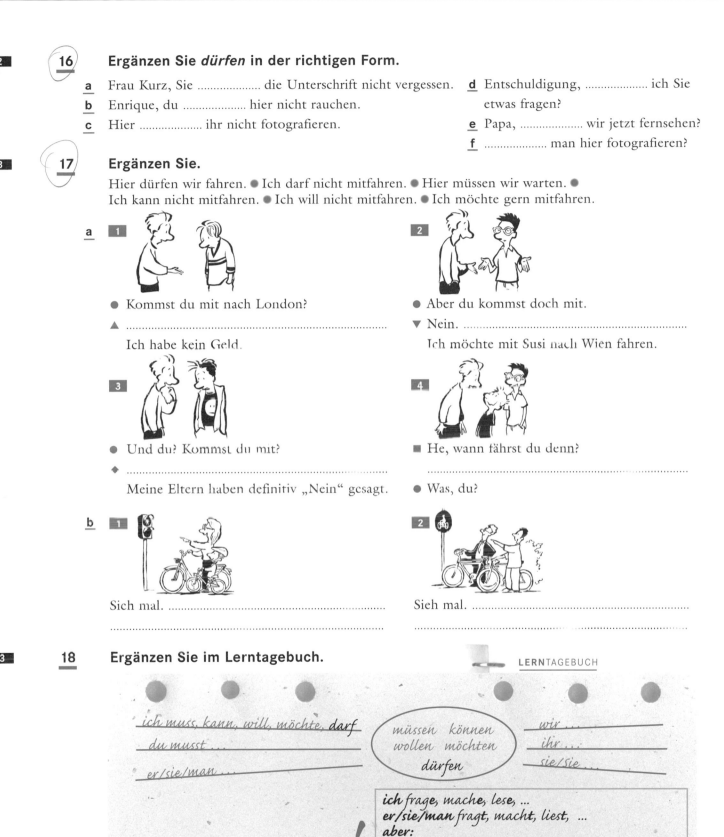

a **1**

● Kommst du mit nach London?

▲ ....

Ich habe kein Geld.

2

● Aber du kommst doch mit.

▼ Nein. ....

Ich möchte mit Susi nach Wien fahren.

3

● Und du? Kommst du mit?

◆ ....

Meine Eltern haben definitiv „Nein" gesagt.

4

■ He, wann fährst du denn?

....

● Was, du?

b **1**

Sich mal. ....
....

2

Sieh mal. ....

18 **Ergänzen Sie im Lerntagebuch.**

LERNTAGEBUCH

ich muss, kann, will, möchte, darf
du musst ...
er/sie/man ...

müssen können
wollen möchten
dürfen

wir ...
ihr ...
sie/sie ...

!

ich frage, mache, lese, ...
er/sie/man fragt, macht, liest, ...
aber:
ich kann, darf, muss, will → **kein** ....!
er/sie/man kann, darf, muss, will → **kein** ....!

D1 19 **Jahreszeiten und Monate in Europa. Ergänzen Sie.**

a *der Frühling.*
März

b *Juni*

c

d

D1 20 **Antworten Sie.**

Geburtstagskalender	
Maja	31. 1.
Stefanie	15. 3.
Heiko	2. 5.
Julia	28. 8.
Annette	17. 10.
Mirko	6. 12.

Wann hat Maja Geburtstag? *Im Januar.*
Wann hat Stefanie Geburtstag?
Wann hat Heiko Geburtstag?
Wann hat Julia Geburtstag?
Wann hat Annette Geburtstag?
Wann hat Mirko Geburtstag?

D2 Prüfung **21** **Füllen Sie für Ihre Freundin das Formular aus.**

Ihre Freundin heißt Yasmin Saidi und kommt aus Tunesien. Sie ist am 02.11.1975 in Tunis geboren. Am 01.10.03 ist sie in die neue Wohnung in der Ritterstraße 25 in 01097 Dresden eingezogen. Bisher hat sie in der Dammstraße 14 in 01326 Dresden gewohnt. Sie ist nicht verheiratet. Sie ist Krankenschwester.

Einzugsdatum:
Neue Wohnung:
Bisherige Wohnung:
Die neue Wohnung ist ☒ Hauptwohnung ☐ Nebenwohnung

Familienname	Frühere Namen (z.B. Geburtsname)	Vorname(n)
1 Saidi		
2		
3		
4		

Familienstand	Geschlecht	Geburtsdatum	Geburtsort/Geburtsland
1	M ☒		
2	M W		
3	M W		
4	M W		

Staatsangehörigkeit
1 *tunesisch*
2
3
4

Berufstätig
1
2
3
4

22 **Ergänzen Sie.**

Können Sie das bitte erklären? ● Was heißt ...? / Was bedeutet ...? ●
Das Wort verstehe ich nicht. ● Noch einmal, bitte. / Können Sie das bitte wiederholen?

a ● Seit wann sind Sie arbeitslos?

▲ Entschuldigung. .... „arbeitslos"?

b ● Füllen Sie bitte das Formular aus und geben Sie es dann ab.

▲ Nicht so schnell bitte. ....

c ● Sind Sie verheiratet oder ledig?

▲ Was bedeutet „ledig"? ....

● „Ledig" bedeutet, ...

d ● Wie ist Ihr Familienstand?

▲ „Familienstand?" ....

e ● Sie müssen hier noch unterschreiben.

▲ Was muss ich machen? Das habe ich nicht verstanden. ....

● Sie müssen hier Ihren Namen schreiben.

23 **Welches Wort passt nicht? Streichen Sie es.**

a der Ort – das Datum – die Unterschrift – die Anmeldung
b der Familienname – der Geburtsname – der Geburtstag – der Vorname
c der Geburtsort – das Geburtsdatum – das Formular – das Geburtsland
d der Pass – der Führerschein – das Rezept – das Dokument
e unterschreiben – ausfüllen – warten – ankreuzen
f wiederholen – erklären – buchstabieren – umziehen
g verheiratet – ledig – männlich – geschieden
h geboren – berufstätig – arbeitslos – selbstständig

24 **Notieren Sie im Lerntagebuch.**

Vergessen Sie immer wieder ein Wort? Dann notieren Sie
es im Lerntagebuch mit einer Zeichnung.

LERNTAGEBUCH

Liebe Sonja,

. . .

. . .

. . .

Annette ——— die Unterschrift
unterschreiben

das Geschlecht:

der Mann
männlich

die Frau
weiblich

Notieren Sie schwierige Wörter aus Lektion 8 und 9: „Wichtige Wörter und Wendungen"
und zeichnen Sie sie.

A2

1 Ergänzen Sie.

~~Fuß~~ ● Auge ● Ohr ● Hals ● Hand ● Mund ● Finger ● Nase ● Rücken ● Bauch ● Kopf ● Arm ● Bein

.... *Fuß* ....

A2

2 Ergänzen Sie.

Beine ● Hände ● Ohren ● Füße ● Finger ● Arme ● Augen ● Zähne

fünf ....   *zwei* ....

32 Zähne ....

A3

3 Ordnen Sie die Wörter aus Aufgabe 1 und 2 ein.

der Kopf	**das** Ohr	**die** Nase	**die** Ohren
mein / dein / Ihr	mein / dein / Ihr	meine / deine / Ihre	meine / deine / Ihre
.... *Kopf*	.... *Ohr*	.... *Nase*	.... *Ohren* ....
....	....	....	....
....	....	....	....
....	....	....	....
....	....	....	....
....	....	....	....
....	....	....	....
....	....	....	....

4 **Ergänzen Sie:** *mein, meine, dein, deine, Ihr, Ihre*

a ● Tag, Frau Müller. Ist das .... Tochter?

  ▲ Nein, das ist .... kleine Schwester.

b ◆ Du, Julia! Ist das .... Bruder?

  ▼ Nein, das ist doch nicht .... Bruder!

c ■ Das ist ....*meine*.... Schwester Miriam.

  ▲ Und das? Sind das ....*deine*.... Eltern?

  ■ Ja. Und das ist ....*meine*.... Lehrerin.

d ● Tobias, warte mal, ...*deine*.... Freundin Silke ist am Telefon.

  ▲ Das ist doch nicht ....*meine*.... Freundin!

e ◆ Einen Moment bitte, Frau Schulz,
  ....*Ihr*.... Mann ist am Telefon.

  ▲ Danke, Frau Schneider.

f ■ ....*deine*.... Augen sind ja ganz grün.

g ▼ Entschuldigung, sind das ....*Ihre*.... Hasen?

  bonniel

h ◆ Wie alt sind ....*Ihre*.... Kinder?

  ▲ Sieben und elf.

B2   5   **Wer ist auf den Fotos? Ergänzen Sie:** *ihr – ihre – seine*

a   Tina und *ihr* Mann Bruno.
b   Tina und *ihre* Tochter Sara.
c   Bruno und *seine* Frau Tina.
d   Bruno und *seine* Tochter Sara.
e   Sara und *ihre* Eltern.
f   Sara und *ihre* Hasen Schnuffi und Poppel.
g   Niko und *seine* Freundin Sara.

B2   6   **Markieren Sie.**

Niko
⟨Sein⟩ Familienname ist Miron. (der Familienname)
⟨Sein⟩ Bein tut weh. (das Bein)
⟨Seine⟩ Mutter lebt in Kiew. (die Mutter)
⟨Seine⟩ Eltern sprechen kein Deutsch. (die Eltern)

Sabine
Ihr Familienname ist Brachmann.
Ihr Bein tut weh.
Ihre Mutter lebt in Dresden.
Ihre Eltern sind geschieden.

B2   7   **Ergänzen Sie:** *seine – ihr – ihre*

Das ist meine Freundin Lia aus Armenien. Sie hat 2 Kinder: *Ihre* Tochter ist zehn Jahre alt und *Ihr* Sohn ist acht. *Ihr* Mann arbeitet als Hausmeister. *Ihre* Eltern leben auch in Deutschland, aber *Ihr* Bruder und *Ihre* Schwester leben in Nordamerika. *Ihr* Bruder lebt in Kanada. *Seine* Frau ist Kanadierin. *Ihre* Schwester lebt in den USA.

B2   8   **Was erzählt Marina? Schreiben Sie.**

▲ Hallo Marina, wie geht es dir?
● Super! Ich habe geheiratet.
▲ Wirklich? Wen denn? Erzähl mal.
● *Also, sein Name ist* ....

Name: Ivano
aus Italien
ganze Familie: seit 25 Jahren
  in Deutschland
Schwester und drei Brüder
  in Deutschland geboren
Eltern: haben ein Restaurant
Dort schmecken am besten:
  Spaghetti Carbonara

....
....
....
....
....
....
....
Spaghetti Carbonara ....
....

9 Notieren Sie im Lerntagebuch.

10 Ergänzen Sie: *unser – unsere – euer – eure – ihre*

a ■ ....*unsere*.......... Lehrerin ist super, nicht wahr?

b ▲ ....*unsere*.......... Augen sind nicht mehr so gut, aber ....*unsere*.......... Ohren hören alles, nicht wahr Theodor?
■ Was sagst du?

c ● Entschuldigung, das ist ....*unser*.......... Platz. *place*

d ▲ Wer war das? Du, Julian?
■ Nein, ich nicht! Das war ....*Ihre*.......... Idee.

e ● Seht mal, da kommt ....*euer*.......... Bus.

f ▲ Sind das ....*eure*.......... Katzen?

Sein Bein ist nicht gebrochen.

B5

11 **Lesen Sie und unterstreichen Sie die Formen von *ein* und *sein*.**

> der Verband
> der Termin
> das Rezept
> die Versichertenkarte
> die Krankmeldung

Niko hatte <u>einen</u> Unfall. <u>Sein</u> Bein tut sehr weh. Er geht zum Arzt.
Dort gibt er seine Versichertenkarte ab. Der Arzt sieht das Bein an. –
Es ist nicht gebrochen. Aber Niko kann sein Bein nicht bewegen.
Er bekommt einen Verband, ein Rezept und eine Krankmeldung. Seine Krankmeldung muss er
beim Arbeitgeber abgeben. Niko braucht jeden Tag einen neuen Verband. Er möchte seinen
Verband aber nicht selbst machen. Deshalb bekommt er einen neuen Termin.

Ergänzen Sie die Sätze.

a Niko hat eine Versichertenkarte.   Er gibt s.............. Versichertenkarte in der Praxis ab.

b Niko bekommt ein Rezept.   Er gibt s.............. Rezept in der Apotheke ab.

c Niko bekommt eine Krankmeldung.   Er gibt s.............. Krankmeldung in der Firma ab.

d Niko braucht jeden Tag ein**en** neuen Verband.   Er möchte s.............. Verband nicht selbst machen.

e Niko bekommt ein**en** Termin.   Er darf s.............. Termin nicht vergessen.

B5

12 **Ergänzen Sie.**

Das ist/sind	mein, dein sein, ihr unser, euer ihr, Ihr	Führerschein/Rezept	*meine, deine* *seine Ihre* *unsere, eure* *ihre, Ihre*	Krankmeldung

Akkusativ

		Führerschein		Rezept		Krankmeldung
Ich habe	*meinen*		*mein*		*meine*	
Hast du	*deinen*		*dein*		*deine*	
Er hat	*seinen*		*sein*		*seine*	
Sie hat	*ihren*	*der*	*ihr*	*das*	*Ihre*	*die*
Wir haben	*unseren*		*unser*		*unsere*	
Habt ihr	*euren*		*euer*		*eure*	
Sie haben	*ihren*		*ihr*		*Ihre*	
Haben Sie	*Ihren*		*Ihr*		*Ihre*	

B5

13 **Ergänzen Sie.**

→ identity card

a ● Hast du d**einen** Ausweis, d*eine* Versichertenkarte *(die)*, d**einen** Pullover *(der)*, ...

   ▲ Ja, Mama, ich habe m*einen* Ausweis, m*eine* Versichertenkarte, m**einen** Pullover.

b Tragen Sie bitte I*hre* Namen und I*hre* Adresse in die Liste ein.

c Na, wie findest du u*nseren* Salat? Schmeckt er?

d Jens und Katrin, macht jetzt bitte e*ure* *(die)* Hausaufgaben. *(p)*

e Guten Tag, ich möchte m*eine* Tochter anmelden.

f Du musst d*einen* Geburtsnamen hier eintragen. *(die)* *fill-in*

g Ich kann das nicht lesen. Wo ist denn m*eine* Brille?

h Miriam, räum bitte d*eine* Bücher auf!

i ● U*nser* Hund ist weg. Hast du vielleicht u*nseren* Hund gesehen?

   ▲ Wie sieht e*ure* Hund denn aus? *→perhaps*

What does your dog look like

tragen → to carry

weg → adv away off

14 Ergänzen Sie: *sollen*

Soll ich zum Arzt gehen?

Du *sollst* viel Wasser trinken.

Er *soll* zwei Tage zu Hause bleiben.

soll Claudia wirklich drei Tabletten nehmen?

sollen wir Übung 2 oder Übung 3 machen?

Ihr *sollt* Übung 3 machen.

sollen die Kinder im Bett bleiben?

Frau Müller, Sie *sollen* jeden Abend eine Tablette nehmen.

15 Ergänzen Sie.

> Was?
> Wie bitte?

a Geh nicht so spät ins Bett! *Du sollst nicht so spät ins Bett gehen.*

b *Steh endlich auf* Du sollst endlich aufstehen.

c Sprich bitte langsam! *Du sollt bitt langsam sprechen*

d *Seid bitte leise* Ihr sollt leise sein *leise = quiet*

e Tragen Sie bitte hier Ihren Namen ein! *Sie sollen hier Ihren Namen eintragen*

f *Ankreuzen sie bitte Ja oder Nein* Sie sollen Ja oder Nein ankreuzen.

g *Kommen sie bitte zum Chef* Sie sollen zum Chef kommen.

h Wartet bitte hier! *Du sollen hier warten*

i *macht die Music leise* Ihr sollt die Musik leise machen.

j Räum bitte dein Zimmer auf! *Ihr sollt dein Zimmer aufräum*

k *Isst nicht so viel Schokolade essen* Du sollst nicht so viel Schokolade essen.

16 Ergänzen Sie *dürfen – müssen – sollen* in der richtigen Form.

a Du *darfst* hier nicht rauchen.

Du *muss* deine Zigarette ausmachen.

b Du *sollst* nicht so viel rauchen, hat der Arzt gesagt.

c Sagen Sie Herrn Mujevic, er *darf* bitte morgen um neun Uhr in mein Büro kommen.

d Ihre Hand sieht ja schlimm aus. Sie *sollen* zum Arzt gehen.

e Mein Arzt hat gesagt, ich *soll / muss* zwei Wochen lang keinen Sport machen.

f ● Ich möchte bitte Herrn Maler sprechen.

▲ Tut mir leid, Sie *müssen* leider einen Moment warten, Herr Maler ist noch nicht da.

g Maria, deine Mutter hat angerufen. Du *musst / sollt* nach Hause kommen.

h Einen schönen Gruß von Frau Jacobsen, Sie *sollen* nicht warten,

sie *muss* noch bis 20 Uhr arbeiten.

i Wir haben keine Milch mehr, ich *soll / muss* noch einkaufen gehen.

10 C

Der Doktor sagt, Sie **sollen** eine Woche zu Hause **bleiben**.

C2 <u>17</u> **Lesen Sie.**

Hallo Mutti, hier ist Jan. Ich komme morgen. Koch doch bitte mein Lieblingsessen und mach auch einen Kuchen. Kaufst du bitte auch 5 Flaschen Multivitaminsaft? Der Arzt hat gesagt, ich soll viel trinken. Und ruf doch bitte Theresa an und lade sie ein.
Viele Grüße, bis morgen!

Was erzählt die Mutter? Schreiben Sie.

Du, Alex, hör mal her!
Jan hat heute angerufen. Er kommt morgen.
Ich soll ....
....
....
....
....
....
....
....
....
Sag mal, wie findest du das?

Phonetik
03|11| **18** **Hören Sie und sprechen Sie nach.**

Haus – aus ● Hund – und ● hier – ihr ● haben – Abend ●
am Abend ● heute Abend ● um ein Uhr ● Otto und ich ● Hans und Anna ●
in Europa ●
Hast du heute gearbeitet? ● Am Wochenende nie! ●
Kann ich bitte einen Termin haben? ● Es ist dringend. ● Kann ich
einfach vorbeikommen? ●
Was macht Ihre Hand, Herr Albers? ●
Ich gehe heute zum Arzt. ● Soll ich um acht Uhr kommen? ●
Ist das Ihr Auto? ●
Tragen Sie hier Ihren Namen und Ihre Adresse ein.

Prüfung
03|12| **19** **Hören Sie zwei Gespräche. Was ist richtig? Kreuzen Sie an: *a*, *b* oder *c***

1 Wann haben Alex und Sergej Training?

a ☐ Heute Nachmittag.　　**b** ☐ Morgen.　　**c** ☐ Heute Vormittag.

2 Für wann hat die Arzthelferin Frau Bönisch in den Terminplan eingetragen?

a ☐ Am Donnerstag.　　**b** ☐ Am Dienstag.　　**c** ☐ Am Montag.

Projekt **20** **Was für Ärzte gibt es?**
Suchen Sie im Telefonbuch und machen Sie eine Liste.

Augenarzt

...

**Suchen Sie einen „Praktischen Arzt" und einen Zahnarzt
in Ihrer Nähe und notieren Sie Adresse und Telefonnummer.**

Wann haben sie Sprechstunde?
Muss man einen Termin vereinbaren?
Rufen Sie an und fragen Sie.

A2 **1** **Ergänzen Sie.**

der Zug ● das Taxi ● der Bus ● die U-Bahn ● das Flugzeug ● die Straßenbahn ● das Auto ● das Fahrrad

............*der Bus*............ ....

....

A2 **2** **Ergänzen Sie.**

| der Zug | der Bus |

a Ich fahre *mit dem Zug*........... ....

| das Taxi | das Fahrrad | das Auto |

b Ich fahre ....

| die U-Bahn | die Straßenbahn |

c Ich fahre ....

d ▲ Wie sind Sie nach Deutschland gekommen? ● .... Flugzeug.

A2 **3** **Ergänzen Sie.**

a die ● den ● ein ● kein ● keine

Wie kommen wir jetzt nach Hause?

Ich nehme .... Bus.

Ich nehme .... U-Bahn.

Es ist schon zwei Uhr. Vielleicht fährt jetzt .... Bus mehr und auch .... Straßenbahn. Ich gehe zu Fuß.

Nein, das ist zu weit. Ich nehme ....Taxi.

MICHAEL   FRANK   GERD   PETER

b Wie kommen Gerd, Michael, Frank, Peter nach Hause?

Michael: *mit*........................... Frank: ....

Gerd: .... Peter: ....

4 Ordnen Sie zu.

a Entschuldigung, welcher Bus fährt zum Flughafen? — Dort die Straße rechts.
b Wie weit ist es zum Hotel Ibus? — Nein, Sie können zu Fuß gehen.
c Entschuldigung, ich suche eine Apotheke. — Mit der U-Bahn nur zwei Stationen.
d Ist es weit zum Bahnhof? — Die Nummer 6.

3|13|⊡

5 Hören Sie. Tragen Sie den Weg ein. Wo sind die Post und die U-Bahn-Station? Kreuzen Sie an.

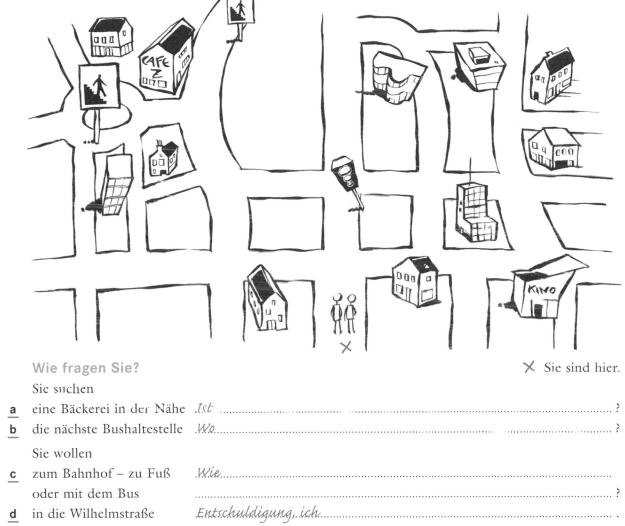

6 Wie fragen Sie?
✗ Sie sind hier.

Sie suchen

a eine Bäckerei in der Nähe · *Ist* .... ?
b die nächste Bushaltestelle · *Wo* .... ?

Sie wollen

c zum Bahnhof – zu Fuß · *Wie* ....
oder mit dem Bus · .... ?
d in die Wilhelmstraße · *Entschuldigung, ich* ....

7 Sehen Sie den Plan in Aufgabe 5 an und beschreiben Sie den Weg vom Café Z zum Kino.

Phonetik
3|14|⊡

8 Hören Sie und sprechen Sie nach.

der Zug ● der Zahn ● das Zimmer ● der Zucker ● die Zeitung ● das Flugzeug ●
die Schweiz ● der Platz ● der Satz ● das Salz ● Was!? Schon zehn vor zwei? ●
Ich muss jetzt zum Zug. ● Wo sitzen Sie? ● Ich bin schon seit zehn Uhr zu
Hause. ● Ich gehe gerne spazieren. ● Das ist ja ganz schwarz. ● Bitte bezahlen.

B2 **9** **Ergänzen Sie das Kreuzworträtsel.**

1 Hier kann man Filme sehen.
2 Hier kann man Briefmarken kaufen.
3 Hier kann man essen.
4 Hier kann man den Zug nehmen.
5 Hier kann man Geld holen.
6 Hier kann man den Bus nehmen.
7 Hier kann man essen und schlafen.
8 Hier kann man Lebensmittel kaufen.
9 Hier kann man Medikamente kaufen.
10 Hier kann man Brot kaufen.

B2 **10** **Wo steht das Auto? Ordnen Sie zu.**

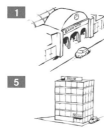

a ☑ Auf der Brücke über der Autobahn.   **e** ☐ Auf dem Parkplatz.
b ☐ Vor dem Bahnhof.   **f** ☐ Neben der Bank.
c ☐ An der Bushaltestelle.   **g** ☐ In der Garage unter dem Hotel.
d ☐ Hinter dem Restaurant.   **h** ☐ Zwischen der Bank und der Post.

B2 **11** **Was ist richtig? Kreuzen Sie an.**

a Die Katze sitzt   ☐ hinter   dem Stuhl.
                   ☐ auf

b Jens liegt   ☐ in   dem Bett.
                   ☐ vor

c Die Apotheke ist   ☐ neben   der Post.
                   ☐ hinter

d Eva steht   ☐ an   der Bushaltestelle.
                   ☐ vor

e Das Auto steht   ☐ in   der Garage.
                   ☐ vor

f Die Katze sitzt   ☐ über   dem Sofa.
                   ☐ unter

g Eva sitzt   ☐ hinter   Mario.
                   ☐ über

h Die Schule ist   ☐ über   der Bank.
                   ☐ auf

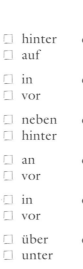

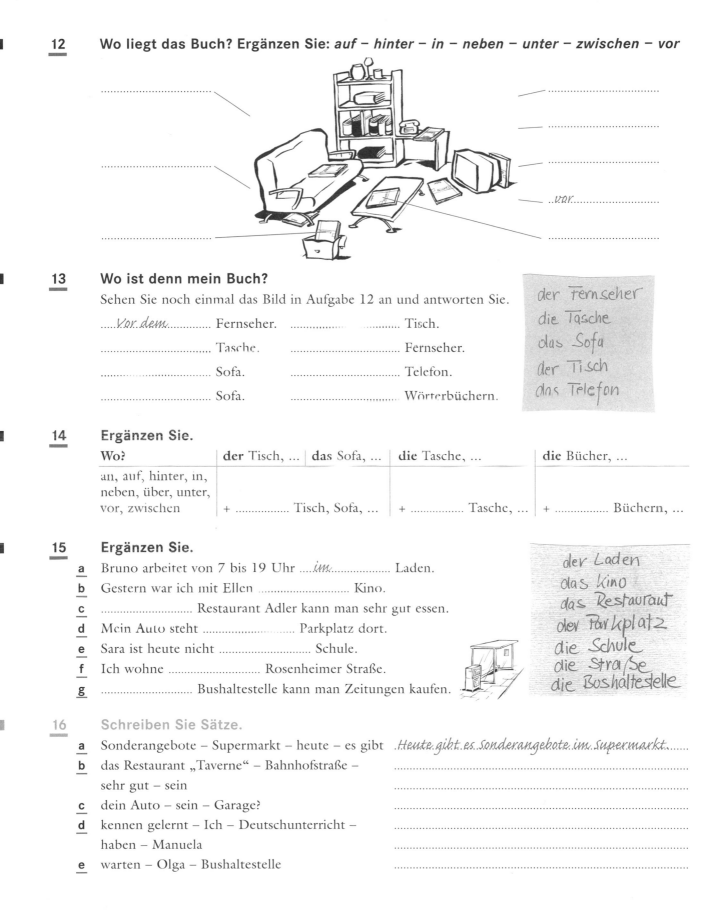

12 Wo liegt das Buch? Ergänzen Sie: *auf – hinter – in – neben – unter – zwischen – vor*

....

....

....

....

....

..*vor*..........................

....

13 Wo ist denn mein Buch?

Sehen Sie noch einmal das Bild in Aufgabe 12 an und antworten Sie.

....*Vor dem*........... Fernseher.   .... Tisch.

.... Tasche.   .... Fernseher.

.... Sofa.   .... Telefon.

.... Sofa.   .... Wörterbüchern.

der Fernseher
die Tasche
das Sofa
der Tisch
das Telefon

14 Ergänzen Sie.

Wo?	**der** Tisch, ...	**das** Sofa, ...	**die** Tasche, ...	**die** Bücher, ...
an, auf, hinter, in, neben, über, unter, vor, zwischen	+ .... Tisch, Sofa, ...		+ .... Tasche, ...	+ .... Büchern, ...

15 Ergänzen Sie.

a Bruno arbeitet von 7 bis 19 Uhr ....*im*............... Laden.

b Gestern war ich mit Ellen .... Kino.

c .... Restaurant Adler kann man sehr gut essen.

d Mein Auto steht .... Parkplatz dort.

e Sara ist heute nicht .... Schule.

f Ich wohne .... Rosenheimer Straße.

g .... Bushaltestelle kann man Zeitungen kaufen.

der Laden
das Kino
das Restaurant
der Parkplatz
die Schule
die Straße
die Bushaltestelle

16 Schreiben Sie Sätze.

a Sonderangebote – Supermarkt – heute – es gibt   *Heute gibt es Sonderangebote im Supermarkt.*

b das Restaurant „Taverne" – Bahnhofstraße – sehr gut – sein   ....

c dein Auto – sein – Garage?   ....

d kennen gelernt – Ich – Deutschunterricht – haben – Manuela   ....

e warten – Olga – Bushaltestelle   ....

B4 **17** **Ergänzen Sie.**

Aber wo treffe ich Anne?

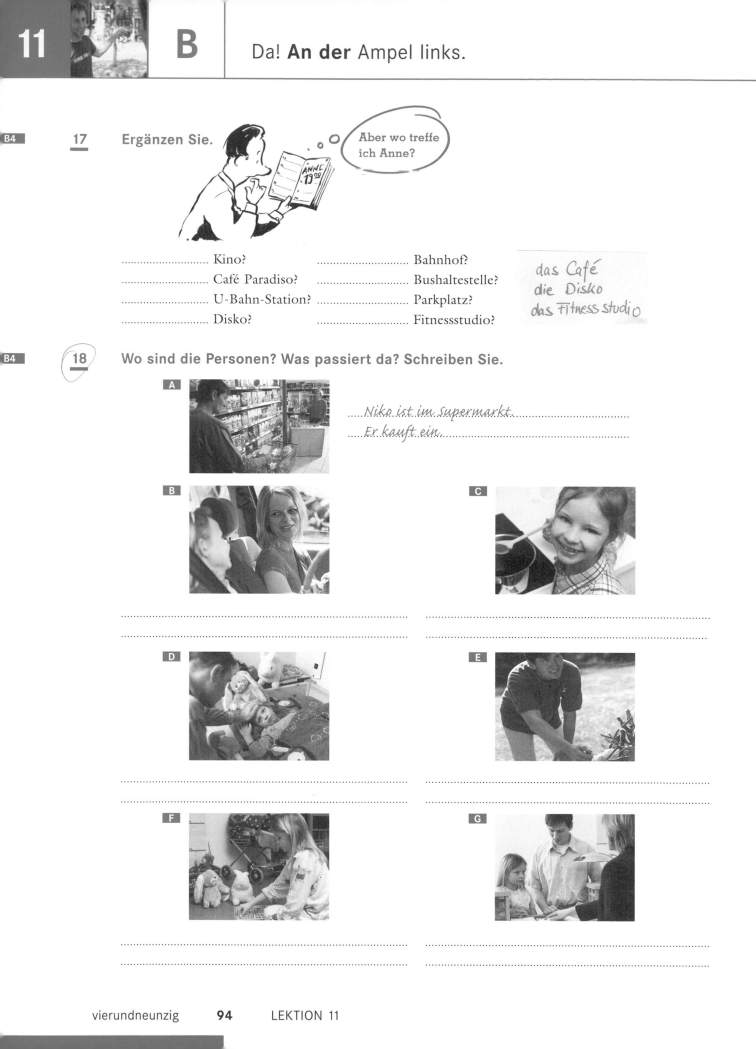

.... Kino?   .... Bahnhof?

.... Café Paradiso? .... Bushaltestelle?

.... U-Bahn-Station? .... Parkplatz?

.... Disko?   .... Fitnessstudio?

das Café
die Disko
das Fitness studio

B4 **18** **Wo sind die Personen? Was passiert da? Schreiben Sie.**

A

Niko ist im Supermarkt.
Er kauft ein.

B

C

....
....

....
....

D

E

....
....

....
....

F

G

....
....

....
....

19   **Wo? Wohin? Unterstreichen Sie.**

a   ▲ Wo warst du am Samstag?
   ● Ich war bei Paul. Wir waren im Schwimmbad und dann in der Stadt.

   b   ■ Wohin fährst du denn?
      ▼ Ich fahre zu Denis. Wir gehen ins Schwimmbad und dann in die Stadt.

c   ◆ Wohin gehst du?
   ● Zur Apotheke, ich brauche Aspirin.

      d   ▲ Was hast du in der Apotheke gekauft?
         ■ Aspirin.

e   ▼ Was hast du gestern gemacht?
   ◆ Ich war im Deutschkurs und dann beim Arzt.

      f   ■ Was machst du heute?
         ● Zuerst gehe ich in den Deutschkurs und dann zum Arzt.

g   ▲ Bist du heute Morgen mit dem Fahrrad in die Schule gefahren?
   ■ Ich war nicht in der Schule, ich bin krank.

      h   ▼ Gehst du mit ins Kino?
         ● Ach, ich habe keine Lust, ich war erst gestern im Kino.

i   ▲ Wo wohnst du?
   ■ In Leipzig.

      j   ▼ Wohin fahren Sie?
         ● Nach Berlin.

k   ▲ Die Party war langweilig. Ich bin schon um 10 Uhr nach Hause gegangen.
   ● Die Party war doch super! Ich war erst um zwei Uhr zu Hause.

Ergänzen Sie.

Wo?		Wohin?	
.............*bei*.............	Paul	.............*zu*.............	Denis
....	Schwimmbad	....	Schwimmbad
....	Stadt	....	Stadt
....	Apotheke	....	Apotheke
....	Deutschkurs	....	Deutschkurs
....	Arzt	....	Arzt
....	Schule	....	Schule
....	Kino	....	Kino
....	Leipzig	....	Berlin
....	Hause	....	Hause

C2 **20** Ergänzen Sie.

a ■ Hallo Herr Roth. Sie sehen ja toll aus! Waren Sie .... Frisör?
  ● Ja, gestern.

b ▲ Ich habe starke Zahnschmerzen. Ich muss ganz schnell .... Zahnarzt.
  ◆ Das tut mir aber leid.

c ● Gehen wir jetzt .... Hause?
  ▲ Ach nein. Komm, wir gehen noch ein bisschen .... Jutta.

d ▲ Kommst du mit .... Berlin?
  ● Nein, keine Lust. Ich war schon so oft .... Berlin.

e ▼ Wann sind Sie .... Deutschland gekommen?
  ■ 1984, ... Bochum. Jetzt lebe ich .... Mainz.
  ▼ Was haben Sie denn .... Bochum gemacht?

f ■ Hallo Eli, ist dein Bruder .... Hause?
  ● Nein, er ist .... Deutschkurs.

g ▼ Leben Ihre Eltern auch .... Deutschland?
  ◆ Nein, ... Türkei, ... Ankara.

h ▲ Wo hast du das Obst gekauft?
  ● .... Supermarkt.

i ◆ Du hast bald Urlaub. Wohin fährst du denn?
  ▼ .... Österreich oder .... Schweiz.

j ■ Ich muss schnell .... Post, der Brief ist dringend.
  ● Und ich muss .... Bank. Wir haben kein Geld mehr.

k ▲ Wann kommst du heute Abend .... Hause?
  ● So um acht.

C3 **21** **Notieren Sie im Lerntagebuch.**

LERNTAGEBUCH

W(in / auf / unter / über / ...)? W(in / zu / nach)hin?

+ dem (der/das)
  der (die)

+ .... (der)
  .... (die)
  in + das = ...
  zu + der = ...

*Herr Roth ist **in der Stadt**.*

*Herr Roth fährt **in die Stadt**.*

22 **Lesen Sie und ergänzen Sie.**

Die Bahn **DB**

Tolle Angebote für reiselustige Familien
Familien

www.bahn.de **Fahrpläne** Fahrkarten Reisebüro Angebote Service Int. Guests Konzern Presse

> Reiseauskunft   Ankunft/Abfahrt   Persönlicher Fahrplan   DB NachtZug   DB AutoZug   Rund um den Fahrplan   Flugauskunft

Ihre Anfrage

Anfrage   Auskunft   Auswahl   Kasse   Prüfen & Buchen

Hilfe

Detailansicht

Bahnhof/Haltestelle	Datum	Zeit	Gleis		Produkte	Bemerkungen
Heitersheim	04.09.03	ab 09:20	1	RE 18068	RegionalExpress	
Freiburg(Brsg)Hbf	04.09.03	an 09:36	4			Fahrradmitnahme begrenzt möglich
Freiburg(Brsg)Hbf	04.09.03	ab 09:49	1	ICE 76	InterCityExpress	
Hannover Hbf	04.09.03	an 14:18	8			BordRestaurant
Hannover Hbf	04.09.03	ab 14:44	11	IC 2038	InterCity	
Bremen Hbf	04.09.03	an 15:51	2			Fahrradmitnahme reservierungspflichtig, Fahrradmitnahme begrenzt möglich, BordBistro

Dauer: 6:31; fährt täglich

Frau Hauser aus *Heitersheim* .... fährt nach ....

Sie fährt um .... Uhr ab und kommt um .... Uhr an.

In .... und in .... muss sie umsteigen.

Die Fahrt dauert ....

23 **Ergänzen Sie.**

a einsteigen ● aussteigen ● umsteigen

....

b die Ankunft ● die Fahrkarte ● die Abfahrt ● der Fahrplan ● der Schalter ● die Durchsage

Detailansicht

Bahnhof/Haltestelle	Datum	Zeit	Gleis
Heitersheim	04.09.03	(ab) 09:20	1
Freiburg(Brsg)Hbf	04.09.03	(an) 09:36	4

....

....

E3 **24** **Notieren Sie im Lerntagebuch.**

Ordnen Sie in Gruppen. Schreiben Sie auch in Ihrer Sprache.

Wo ist bitte der Fahrkartenautomat? ● Wo kann ich eine Fahrkarte kaufen? ● Wie bitte? ●
Entschuldigung, wo ist der Bahnhof / die U-Bahn-Station? ● Wo muss ich umsteigen? ●
Wie weit ist es zum Bahnhof / zur U-Bahn-Station? ● Können Sie das bitte nochmal sagen? ●
Eine Fahrkarte nach ... bitte. ● Einfach. ● Noch einmal bitte. ● Hin und zurück. ●
Wie komme ich zum Bahnhof / zur U-Bahn-Station? ● Können Sie das bitte wiederholen? ●
Wo gibt es hier eine Bank / eine Bäckerei? ● Auf welchem Gleis fährt der Zug nach ... ab? ●
Entschuldigung, ich suche die Rosenheimer Straße / die Straßenbahnhaltestelle. ●
Wann geht der nächste Zug nach ...? ● Entschuldigung, das habe ich nicht verstanden. ●
Wann komme ich in ... an?

LERNTAGEBUCH

Ich möchte eine Fahrkarte kaufen:
Wo ist bitte der Fahrkartenautomat? ...
...

Ich brauche eine Auskunft:
Entschuldigung, wo ist der Bahnhof / die U-Bahn-Station? ...
...

Ich verstehe die Auskunft nicht:
Wie bitte? ...
...

E4 **25** **Was sagen die Personen? Schreiben Sie.**

Halt, ich möchte aussteigen! ● Fährt hier der Bus nach Moosbach ab? ●
Entschuldigung, auf welchem Gleis fährt der Zug nach Ulm? ● Ist der Platz frei? ●
Entschuldigung, wie viel Verspätung hat der Zug? ● Dann bekomme ich den Anschluss
in Frankfurt nicht mehr.

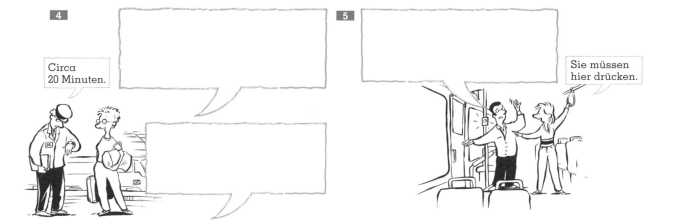

Circa 20 Minuten.

Sie müssen hier drücken.

3 15 | ▢ Hören Sie und vergleichen Sie. Sprechen Sie dann die Dialoge.

Projekt **26** Sammeln Sie Informationen und machen Sie eine Wandzeitung.

Öffentliche Verkehrsmittel in unserer Stadt

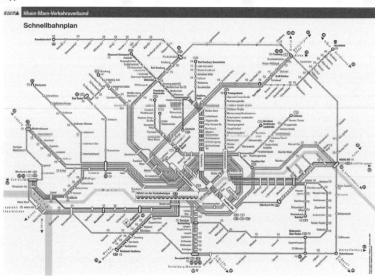

Preise:
Was man noch wissen muss!
Die Busse, die Straßenbahn, die U-Bahn fahren abends bis ... Uhr.

Reisen mit dem Zug.

Was bedeutet IC, ICE? ...
Was kostet eine Fahrkarte von Ihrem Wohnort nach Berlin?

● normaler Preis: ...
● Sparpreis: ...

Wie bekommt man einen Sparpreis? ...
Sie möchten um 16 Uhr in Berlin sein? Wann fährt der Zug ab? ...

A2 **1** **Ergänzen Sie.**

Das ist Gabi ...

beim Training. ● nach dem Training. ● vor dem Training.

....

A2 **2** **Ergänzen Sie:** *nach dem – nach der – nach den – vor dem – vor der – beim*

a ▲ Wann geht Bruno zu Niko?

　● Gleich *nach der* .... Arbeit. (arbeiten, dann zu Niko)

b ▼ Gehst du heute Abend ins Kino?

　■ Ja, ... Sport. (Sport, dann Kino)

c ◆ Wann liest du die Zeitung?

　● .... Frühstück. (Frühstück + Zeitung)

d ▲ Gehst du heute schwimmen?

　■ Ja, ... Arbeit. (Arbeit, dann schwimmen)

e ◆ Siehst du am Abend fern?

　■ Ja, ... Abendessen. (Abendessen + fernsehen)

f ▲ Wann musst du dein Medikament nehmen?

　● .... Essen. (Medikament nehmen, dann essen)

g ▼ Wann gehst du einkaufen?

　■ .... Arbeit. (einkaufen, dann arbeiten)

h ◆ Wann machst du deine Hausaufgaben?

　▲ Sofort .... Mittagessen. (Mittagessen, dann Hausaufgaben)

i ● Kann ich heute Nachmittag zu Eva gehen?

　▲ Ja, aber erst .... Hausaufgaben. (Hausaufgaben, dann zu Eva gehen)

A2 **3** **Ergänzen Sie.**

	der Sport	das Training	die Arbeit	die Hausaufgaben
vor/nach	*dem Sport*	....	....	....
bei	*beim Sport*	....	....	....

A2 **4** **Marcos Tag. Schreiben Sie.**

6.30 aufstehen ● joggen ← Frühstück ●
Frühstück + Zeitung lesen ● mit dem Fahrrad zur Arbeit fahren ●
12.00 Mittagspause machen ● Mittagessen + mit Kollegen sprechen ●
Mittagessen → 20 Minuten spazieren gehen ● bis 17.00 arbeiten ●
Arbeit → sofort nach Hause fahren ● Abendessen machen ●
Abendessen + fernsehen ● Abendessen → mit seiner Mutter telefonieren

Marco steht um halb sieben auf. Vor dem Frühstück ...

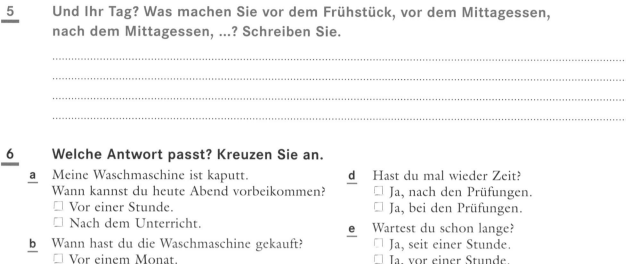

5 Und Ihr Tag? Was machen Sie vor dem Frühstück, vor dem Mittagessen, nach dem Mittagessen, ...? Schreiben Sie.

....

....

....

....

6 **Welche Antwort passt? Kreuzen Sie an.**

a Meine Waschmaschine ist kaputt.
Wann kannst du heute Abend vorbeikommen?
☐ Vor einer Stunde.
☐ Nach dem Unterricht.

b Wann hast du die Waschmaschine gekauft?
☐ Vor einem Monat.
☐ Seit einem Monat.

c Und seit wann ist sie kaputt?
☐ Nach drei Tagen.
☐ Seit einer Woche.

d Hast du mal wieder Zeit?
☐ Ja, nach den Prüfungen.
☐ Ja, bei den Prüfungen.

e Wartest du schon lange?
☐ Ja, seit einer Stunde.
☐ Ja, vor einer Stunde.

f Wann hattest du Urlaub?
☐ Vor zwei Wochen.
☐ Zwei Wochen.

7 **Ergänzen Sie:** *dem – der – den – einem – einer*

der ...	das ...	die ...	die ... n
nach .... Unterricht	nach .... Essen	nach .... Schule	nach .... Prüfungen
vor .... Kurs	vor .... Frühstück	vor .... Reise	vor .... Prüfungen
vor *einem* Monat	vor .... Jahr	vor .... Stunde	vor zwei Wochen
vor *einem* Tag	seit .... Jahr	seit .... Woche	seit drei Tagen

8 **Ergänzen Sie:** *seit – bei der – beim – vor dem – nach dem – nach der – vor einem – vor einer*

a Ich habe die Waschmaschine erst ....*vor*.... ...*einem*... Monat gekauft, aber .... drei Tagen funktioniert sie nicht mehr.

b ▲ Wann haben Sie Ihren Kühlschrank gekauft?
▲ .... Jahr.

c ▼ Wann hast du Geburtstag?
◆ Ich hatte schon .... Woche.

d ■ Wann gehst du immer zum Training?
▲ Am Mittwoch Abend .... Arbeit.

e Ich warte hier schon .... zwei Stunden.

f .... Arbeit darfst du nicht rauchen.

g Machen wir noch einen Spaziergang .... Essen? Dann haben wir so richtig Hunger. Und .... Mittagessen möchte ich gerne eine Stunde schlafen.

h Markus spricht nicht viel .... Essen. .... Frühstück ist er noch müde, ... Mittagessen liest er die Zeitung, ... Abendessen ist er schon wieder müde.

B3

9 Ordnen Sie zu und schreiben Sie.

in einer	Stunden	*in zwei Stunden* ....
	Tag	....
	Woche	....
in einem	Monaten	....
	Stunde	....
in zwei	Jahr	....
	Wochen	....
	Monat	....
	Jahren	....

B3

10 Ergänzen Sie: *bis – ab – in*

a ▲ Wann kann ich Sie morgen anrufen?

● .... acht Uhr bin ich in der Arbeit.

▲ Und wie lange?

● .... zwölf Uhr, dann habe ich Mittagspause.

b ▼ Wie lange brauchst du für die Hausaufgaben?

■ .... vier Uhr.

▼ Ich muss .... fünf Uhr arbeiten.

Dann können wir .... fünf Uhr etwas

zusammen machen.

c ◆ Wann fährst du nach Berlin?

● Am Montag. Also .... einer Woche.

◆ Und wie lange bleibst du dort?

● .... Samstag.

d ▲ Hallo Tanja, ist Iris da?

■ Nein, sie hat .... sechs Uhr Kurs,

sie kommt aber sicher gleich.

▲ Gut, dann rufe ich .... einer Stunde

wieder an.

B3

11 Ergänzen Sie: *in – ab – bis – um – am*

a ■ Bis wann können Sie den Fernseher reparieren?

● .... Samstag.

■ Holen Sie ihn heute noch?

● Ja, ... einer Stunde.

b ▲ Wann kommen Sie?

◆ .... 15 Uhr. Sind Sie da zu Hause?

▲ Ja, ich bin .... 14 Uhr zu Hause.

c ▼ Wann kann ich den Drucker abholen?

● .... 17 Uhr. Wir haben .... 19 Uhr

geöffnet.

d ▲ Wann bringen Sie das Gerät wieder?

■ .... Freitag.

e ◆ Wann kann ich Sie morgen anrufen?

▼ .... sieben Uhr und ich bin .... sechzehn

Uhr da.

B3

12 Welche Antwort passt? Kreuzen Sie an.

a Wann soll ich anrufen?
☐ In 20 Minuten.
☐ Vor 20 Minuten.

b Wann bist du zu Hause?
☐ Seit 15 Uhr.
☐ Ab 15 Uhr.

c Wann kommst du nach Hause?
☐ Bis 15 Uhr.
☐ Nach 15 Uhr.

d Wie lange arbeitest du heute?
☐ Bis 18 Uhr.
☐ Ab 18 Uhr.

e Wann kann ich anrufen?
☐ Seit 7 Uhr.
☐ Ab 7 Uhr.

f Wie lange bist du schon da?
☐ Seit halb neun.
☐ Ab halb neun.

13 **Ergänzen Sie die Fragen:** *Wann? – Wie lange? – Ab wann? – Seit wann? – Bis wann?*

a ● .... können Sie kommen? ▲ In einer Stunde.
b ● .... brauchen Sie für die Reparatur? ▲ Bis morgen.
c ● .... müssen wir die Hausaufgaben machen? ▲ Bis Donnerstag.
d ● .... haben Sie Urlaub? ▲ Ab Freitag.
e ● .... kommt unser Bus? ▲ In 5 Minuten.
f ● .... ist deine Schwester da? ▲ Seit gestern.
g ● .... telefonierst du noch? ▲ Noch 5 Minuten.

14 **Welche Antworten passen? Kreuzen Sie an.**

a Wann hast du Urlaub?
  ☐ Vor einer Woche.
  ☒ In einer Woche.
  ☒ Ab Montag.

b Wie lange hast du schon Urlaub?
  ☐ Seit Montag.
  ☐ Drei Tage.
  ☐ Bis Freitag.

c Wie lange hast du noch Urlaub?
  ☐ Ab Samstag.
  ☐ Noch vier Tage.
  ☐ Bis Freitag.

d Wann hattest du Geburtstag?
  ☐ Im August.
  ☐ Morgen.
  ☐ Vor zwei Tagen.

e Wann kommen deine Eltern zu Besuch?
  ☐ Nach zwei Wochen.
  ☐ In zwei Wochen.
  ☐ Am Sonntag.

f Wie lange bleiben deine Eltern zu Besuch?
  ☐ Bis September.
  ☐ Im September.
  ☐ Zwei Monate.

g Wie lange hast du deine Eltern nicht gesehen?
  ☐ Bis nächste Woche.
  ☐ Fünf Monate.
  ☐ Seit fünf Monaten.

h Wann hast du den Führerschein gemacht?
  ☐ Vor fünf Monaten.
  ☐ Seit fünf Monaten.
  ☐ 2003.

15 **Schreiben Sie einen Dialog.**

● *Meine Kaffeemaschine funktioniert nicht mehr. Bis wann können Sie sie reparieren?*
▲ *...*

16 **Ergänzen Sie im Lerntagebuch.**

LERNTAGEBUCH

....Montag.... ....Dienstag.... ....
....
....Morgen..... ....Vormittag.... Wochenende

am   *um*

........drei Uhr........

Ich bin vor ...   **vor**   Zeit   **seit**   *Ich wohne seit ... in Rostock.*
einem Monat, zwei Monat   *einem Monat, zwei Monaten*
ein Jahr, zwei Jahr   *ein Jahr, zwei Jahr*
ein Woche, zwei Woch   *ein Woche, zwei Woch*
zwei Tag   *zwei Tag*
... nach Deutschland gekommen.   *nach ab bis*   *Montag, Dienstag, ...*
... ...   *2002*

17 **Bitten Sie sehr höflich.**

a Meine Waschmaschine ist kaputt. Kommen Sie doch bitte vorbei.
Könnten Sie bitte vorbeikommen? ....
Würden Sie ....

b Wo ist die Goethestraße? Erklären Sie mir bitte den Weg.
....
....

c Tut mir leid, Herr Schneider ist nicht da. Rufen Sie bitte später noch einmal an.
....
....

d Ich komme gleich. Warten Sie bitte einen Moment hier.
....
....

e Papa, mein Fahrrad ist kaputt. Reparier es bitte.
....
....

f He, Carola, ich habe kein Geld mehr. Leihst du mir bitte 10 Euro?
....
....

g Du darfst hier nicht telefonieren. Mach bitte dein Handy aus.
....
....

h Hallo Mareike, bist du gut in Paris angekommen? Ruf mich bitte bald an.
....
....

18 **Ergänzen Sie: an – ~~auf~~ – aus – zu**

a

die Tür aufmachen Die Tür ist ..*auf*.. .

c

das Radio anmachen Das Radio ist ....

b

die Tür zumachen Die Tür ist ....

d

das Radio ausmachen Das Radio ist ....

19 Was antwortet der Mann? Ergänzen Sie.

● Erwin, hast du den Herd ausgemacht?
▲ *Aber ja, der Herd ist aus.*
● Hast du die Balkontür zugemacht?
▲ *Aber sicher. Die*
● Hast du überall das Licht ausgemacht?
▲ *Natürlich. Das*
● Ist das Radio vielleicht noch an?
▲ *Nein! Das*
● Und die Fenster?
▲ *O je! Die*

20 Ordnen Sie zu.

Urlaub ● Radio ● Tür ● Buch ● Fernseher ● Computer ● Augen ● Party ● Schrank ● Licht ● Fenster ● Heizung ● Plan ● Mund ● Essen ● Herd ● Kuchen ● Kurs ● Dose ● Flasche ● Laden ● Reise

machen	anmachen, ausmachen	aufmachen, zumachen
Urlaub *eine Reise*	*den Fernseher*	

Phonetik
03 16
21 Hören Sie und markieren Sie die Betonung. Sprechen Sie dann nach.

Hast du die Waschmaschine ausgemacht? – Aber ja, die Waschmaschine ist aus.

Hast du die Haustür zugemacht? – Aber sicher. Die Haustür ist zu.

Hast du überall das Licht ausgemacht? – Natürlich. Das Licht ist überall aus.

Ist das Radio vielleicht noch an? – Nein! Das Radio ist auch aus.

Phonetik
03 17
22 Hören Sie und sprechen Sie nach.

die Rechnung ● die Zeitung ● die Wohnung ● die Einladung ● der Junge ● der Finger ● der Empfänger ● anfangen ● mitbringen ● langsam ● langweilig ● Ich habe Hunger. ● Entschuldigung, die Übung ist langweilig! ● Wie lange? ● Schon sehr lange.

Notieren Sie andere Wörter mit *ng* und lesen Sie laut.

D4 Prüfung **23** **Welche Anzeige passt?**

a Sie haben einen neuen Computer und verstehen nicht alles.
Jemand soll kommen und Ihnen helfen.

A ☐
Ihr PC streikt?
Pauschalpreisreparatur
Firma PC-Service-Netzwerk
www.edv-bernau.com
Tel. 0160/85 55 44

B ☐
PC-Probleme?
Komme zu Ihnen nach Hause
und erkläre Ihnen alles rund
um den PC.
Tel. 0170/321 50 24

b Frau Klein ist 80 Jahre alt und kann nicht mehr aus dem Haus gehen.

A ☐
**Sie kommen in den Laden
und kaufen ein – Wir liefern**
Ab € 50,- bringen wir Ihnen
Ihren Einkauf nach Hause.
FRISCH-MARKT
Der Spezialist für Obst und Gemüse

B ☐
Student mit Pkw erledigt alle
Ihre Einkäufe
**Mi und Do ab 15 Uhr
Rufen Sie an 0170 / 325 44 10**

c Sven, Markus, Lea und Birgit möchten an ihrem 18. Geburtstag
eine große Party mit Musik machen.

A ☐
Der Partymacher
**Die Mobil-Disco –
damit Ihr Fest zur Party wird.**
Tel./Fax: 0761–461617

B ☐
So wird jede Party
ein Erlebnis!
Clown Jo hat Programm für
(Kinder)Geburtstage, Familienfeste,
Firmenfeste und und und ...
Rufen Sie an: 0160 / 7679777

d Ihre Waschmaschine ist kaputt, aber man kann sie reparieren.

A ☐
Gebraucht und doch wie neu!
*Waschmaschinen, Kühlschränke
und andere Elektrogeräte.
Viele preiswerte Angebote
STECKDOSE, Schulstraße,
Harthausen*

B ☐
Was ist kaputt?
Repariere alles, bes.
spezialisiert auf Elektrogeräte.
Rufen Sie an: 0173 / 331634

D4 **24** **Können Sie auch einen Service anbieten? Schreiben Sie eine Anzeige.**

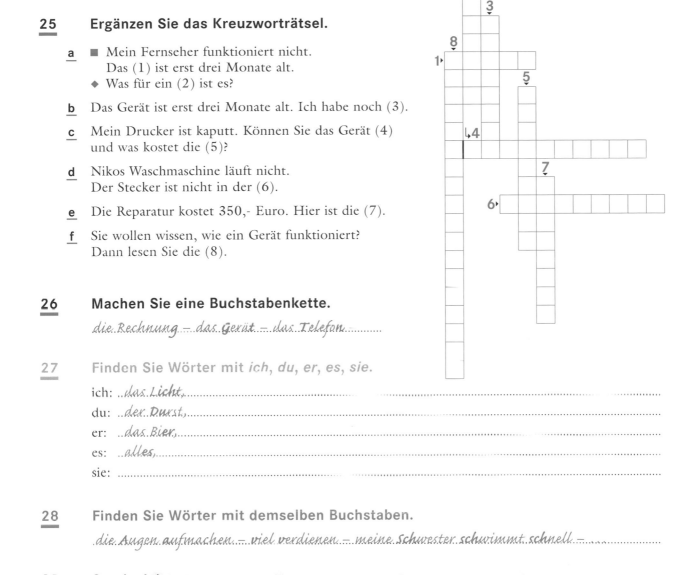

25 Ergänzen Sie das Kreuzworträtsel.

a ■ Mein Fernseher funktioniert nicht.
Das (1) ist erst drei Monate alt.
◆ Was für ein (2) ist es?

b Das Gerät ist erst drei Monate alt. Ich habe noch (3).

c Mein Drucker ist kaputt. Können Sie das Gerät (4)
und was kostet die (5)?

d Nikos Waschmaschine läuft nicht.
Der Stecker ist nicht in der (6).

e Die Reparatur kostet 350,- Euro. Hier ist die (7).

f Sie wollen wissen, wie ein Gerät funktioniert?
Dann lesen Sie die (8).

26 Machen Sie eine Buchstabenkette.

die Rechnung – das Gerät – das Telefon ....

27 Finden Sie Wörter mit *ich*, *du*, *er*, *es*, *sie*.

ich: *das Licht,* ....

du: *der Durst,* ....

er: *das Bier,* ....

es: *alles,* ....

sie: ....

28 Finden Sie Wörter mit demselben Buchstaben.

die Augen aufmachen. – viel verdienen. – meine Schwester schwimmt schnell. – ....

Projekt 29 Serviceleistungen

Was kann man dort zu diesem Thema finden? Suchen Sie im Stichwortverzeichnis.

en
idung u.
tung 127
hmuck 127
uck 127
idung u.
tung 127
ienste 127
araturen 114
en 127
sen 249
e
.... 172
.... 191
en 127
enste ... 210

Chemische Laboratorien
→ Laboratorien 197
Chinesische Medizin 130
Chiropraktik 130
CNC-Bearbeitung 130
Compact-Disks
→ CD's u. Schallplatten ... 130
Computer 130
→ Datenverarbeitungs-
anlagen 134
Computernotdienste 131
Computerreparaturen
→ Computernotdienste ... 131
Computerunterricht 131
→ Unterricht 270
Container................. 131
Containerbau 131

Displays..
Dokumenta
→ Informati
Dokumen
→ Technisc
Dokumen
Dolmetsch
→ Übersetz
Draht u. Dr
→ Metallwa
Drechsler
Drogeriewa
Drucker ..
Druckereib
→ Druckere
Druckereie
→ Offsetdru
→ Siebdru

■ Computer
■ Kundendienst
■ Fahrrad
■ Fernseher
■ Familie und Gesundheit
■ Sport

Sie haben Ihren Wohnungsschlüssel verloren.
Wo finden Sie Hilfe?
Suchen Sie im Stichwortverzeichnis.

A1 **1** Ergänzen Sie: *ein – einen – eine – der – den – das – die*

Niko kauft .... Hose, ... Hemd, ... Pullover. .... Hemd ist hellblau und .... Pullover ist braun. Sabine findet .... Hose ganz toll und .... Pullover auch sehr schön.

A1 **2** Ergänzen Sie.

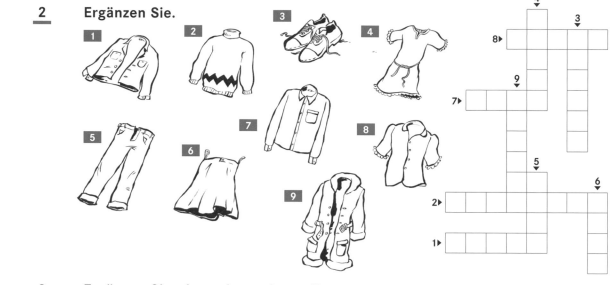

A2 **3** Ergänzen Sie: *der – den – das – die*

a ▲ Na, wie ist die Hose?
   ● .... ist super.
   ▲ Und der Pullover?
   ● .... auch.

b ▼ Sieh mal, das Hemd.
   ■ .... ist schön, aber zu teuer.
   ▼ Und wie findest du den Mantel?
   ■ .... finde ich nicht so schön.

c ▲ Wie findest du meinen Rock?
   ● .... finde ich schön.
   ▲ Und die Schuhe?
   ● .... finde ich auch gut.

d ▼ Wie findest du die Musik?
   ■ .... ist super!

e ▲ Wie war denn der Film?
   ● .... war langweilig.

CD3 18 □□ **Hören Sie und vergleichen Sie. Sprechen Sie die Dialoge.**

A2 **4** Ergänzen Sie: *der – den – die – das*

a ● Sieh mal, ... Mantel.
   ■ .... ist langweilig.
   ● Was? .... finde ich klasse.

b ▲ Wie findest du .... Pullover?
   ◆ .... finde ich gut.
   ▲ Und .... Jacke?
   ◆ .... auch.

c ■ Wie findest du .... Hose?
   ▲ Oh, ... kostet ja 90 Euro.
   ■ Aber .... ist doch toll.

d ● Wo hast du .... Fernseher gekauft?
   ■ .... habe ich im E-Markt gekauft.

e ▲ Gehst du jetzt zum Deutschunterricht?
   ◆ Nein, ... ist erst um 17 Uhr.

f ■ Hast du .... Regal für 200 oder .... für 350 Euro gekauft?
   ● .... für 200 Euro.

g ▲ Willst du jetzt .... Wohnung in der Goethestraße mieten oder nicht?
   ■ Nein, ... ist zu teuer.

5 Ordnen Sie zu und ergänzen Sie.

a Da kommt unser Bus.

b Findest du den Computer auch sehr günstig?

c Dein Mantel ist sehr schön.

d Na, wie war das Wochenende?

e Seit wann hast du ein Auto?

f Kennst du Marions Freund?

g Sollen wir noch Orangensaft kaufen?

h Ich brauche einen Stift.

Nein, ... kenne ich nicht.

.... war klasse!

Nein, ... finde ich teuer.

Nein, das ist nicht unser Bus. .... können wir nicht nehmen.

Ja, finde ich auch. .... war gar nicht teuer.

.... habe ich seit drei Monaten. Mit dem fahren wir nach Spanien.

Nimm doch .... da!

Nein, ... ist nicht gut. Nimm doch den Apfelsaft!

6 Ergänzen Sie.

billig ● langweilig ● krank ● kurz ● neu ● klein ● schwarz ● warm ● breit ● hässlich ● leise ● richtig

teuer	≠	*billig*	alt	≠
sehr schön	≠		interessant	≠
falsch	≠		groß	≠
lang	≠		schmal	≠
weiß	≠		kalt	≠
gesund	≠		laut	≠

7 Was passt?

teuer ● billig ● günstig ● alt ● neu ● modern ● schön ● hässlich ● breit ● schmal ● groß ● klein ● lang ● kurz ● laut ● leise ● gut ● langweilig ● interessant

Haus/Wohnung: ....*teuer*...

....

Straße: ....

....

Buch: ....

....

Text: ....

....

Musik: ....

8 Notieren Sie im Lerntagebuch.

LERNTAGEBUCH

Was kann *super/toll/klasse, langweilig, günstig, falsch* sein?

Kleidung

super, toll, klasse

langweilig

günstig

falsch — *die Adresse*

B4

9   **Ordnen Sie zu und ergänzen Sie:** *mir – dir – Ihnen*

Nein, die gehört ... nicht. ● Doch, die gefällt ... gut, aber sie ist sehr teuer. ●
Die passt ... super, aber die Farbe gefällt ... nicht. ● Aber die passt ... doch nicht!

A

● Passt *Ihnen* .... die Hose?

■ ....
....

B

▲ Gefällt .... die Bluse nicht?

◆ ....
....

C

■ Schau mal, die Hose gefällt ....

▲ ....

D

◆ Entschuldigung, gehört die Zeitung ....?

● ....

B4

10   **Ergänzen Sie.**

ich/mir

du/...
sie/...

er/...
sie/...

wir/...

ihr/...
sie/...

sie/...

11 Schreiben Sie die Sätze mit _gehören_.

a Das ist nicht mein Fahrrad. _Das Fahrrad gehört mir nicht._...

b Ist das dein Fahrrad? ....

c Ist das Michaels Fahrrad? _Gehört das Fahrrad ihm?_..

d Ist das Tanjas Fahrrad? ....

e Sind das unsere Bücher? ....

f Sind das eure Bücher? ....

g Ist das Martins und Annes Haus? ....

h Frau Koch, ist das Ihr Fahrrad? ....

12 Ersetzen Sie die unterstrichenen Wörter durch: _er – sie – es – ihr – ihm_.

Bernds Freundin Rosa hat Geburtstag.

Bernd kauft Rosa einen Blumenstrauß.

Rosa möchte mit Bernd essen gehen

und Rosa möchte Bernd gefallen.

Rosa hat ein super Kleid gekauft,

das Kleid passt Rosa aber leider nicht.

Aber Rosa hat noch ein tolles Kleid.

Das Kleid gehört Mira, Mira hat

es Rosa geliehen.

Bernds Freundin Rosa hat Geburtstag.

Er kauft ihr einen Blumenstrauß..............................

Rosa möchte mit Bernd essen gehen

und ....

Rosa hat ein super Kleid gekauft,

....

Aber Rosa hat noch ein tolles Kleid.

....

....

13 Was bringen Sie mit? Ergänzen Sie.

Sie besuchen

Ihren Bruder. Er kocht gerne. (ein Kochbuch)

Ich _bringe ihm ein Kochbuch mit_...........................

Ihre Schwester. Sie liest gerne. (ein Buch)

Ich ....

Freunde. Sie hören gerne Musik. (eine CD)

Ich ....

Und was bringst du uns mit? (ein Spiel)

Ich ....

Phonetik
03|19

14 Hören Sie und sprechen Sie nach.

am meisten ● am Mittwoch ● in Norddeutschland ● aus Salzburg ●

mit dem Bus ● Maria und Theo ● Und du? ● Gefällt dir das? ● Wie findest du das? ●

Wo ist denn Niko? ● Sind das seine Bücher? ● Wohnst du in Nürnberg? ●

Kommst du aus Salzburg? ● Fährst du mit dem Fahrrad? ● Was ist denn das? ●

Mein Name ist Thea. ● Das Hemd ist teuer, aber es sieht toll aus.

C3

15 **Welche Antwort passt? Kreuzen Sie an.**
Lesen Sie noch einmal den Text C3 im Kursbuch auf Seite 52.

a Fährt Christian Adam gerne Fahrrad?
☐ Ja, aber er spielt lieber Geige.
☐ Ja, er fährt am liebsten Fahrrad.

b Christian Adam fährt gerne Rad und noch
lieber spielt er Geige. Was macht er am liebsten?
☐ Fahrrad fahren.
☐ Beides zusammen.

c Was trainiert Christian Adam am meisten?
Fahrrad fahren oder Geige spielen?
☐ Beides zusammen: Fahrrad fahren
und Geige spielen.
☐ Natürlich Geige spielen.
Er ist ja Musiker von Beruf.

C3

16 **Schreiben Sie.**

Was machen diese Personen in ihrer Freizeit?

Herr Sahin: + spazieren gehen
Frau Sahin: ++ Picknick machen

Frau Hagner: + ins Kino gehen
Herr Hagner: ++ tanzen gehen

Herr Klein: + fernsehen
Frau Klein: ++ lesen

Jamila: + Karten spielen
Bruder Omar: ++ fernsehen

Herr Sahin geht gern spazieren, aber seine Frau macht lieber Picknick. Frau Hagner …

C3

17 **Ergänzen Sie: *mehr – besser – lieber* (++),**
***am meisten – am besten – am liebsten* (+++)**

a ● Frau Meinert, Sie sprechen drei Sprachen?
▲ Ja, ich spreche gut Englisch, Französisch und Spanisch. Spanisch
spreche ich .... (+++).

b ■ Was machen wir am Wochenende? Möchtest du eine Radtour machen?
▲ Nicht so gern. Ich möchte .... (++) zu Hause bleiben.

c ● Geht es dir gut? ▲ Ich war krank, aber jetzt geht es mir wieder .... (++).

d ◆ Im E-Markt kostet der Kasten Mineralwasser 2 Euro 98, bei Topfit kostet er noch .... (++)
und .... (+++) kostet es bei Superspar, nämlich 3 Euro 99.

e ■ Wie hat dir der Urlaub gefallen?
● Gut, aber der Urlaub im letzten Jahr hat mir .... (++) gefallen.

f ▲ Ich mache viel Sport, aber meine Frau macht noch .... (++) Sport,
sie geht jeden Tag ins Fitness-Center.

g ◆ Was machst du am Wochenende?
▲ Ich gehe gern tanzen oder ins Kino, aber .... (+++) koche ich.

18 Ergänzen Sie: *welcher – welches – welche – dieser – dieses – diese*

a ■ *Welcher*............ Regenschirm gehört dir? ● *Dieser*...... hier.

b ■ .... Fahrrad gehört dir? ● .... hier.

c ■ .... Koffer gehören euch? ● .... hier.

d ■ .... Buch gehört dir? ● .... hier.

e ■ .... Tasche gehört Ihnen? ● .... hier.

die Pullover.	.... Pullover gefällt dir?	◆ .... hier.
die Hemden.	.... Hemd gefällt dir?	◆ .... hier.
f ▲ Sieh mal,	die Hosen.	.... Hose gefällt dir?	◆ .... hier.
die Röcke.	.... Rock gefällt dir?	◆ .... hier.
die Schuhe.	.... Schuhe gefallen dir?	◆ .... hier.

19 Ordnen Sie zu und ergänzen Sie: *Dieser – Diesen – Dieses – Diese*

■ Welcher
■ Welchen
■ Welches
■ Welche

Fahrrad soll ich kaufen? ● *Dieses*............... hier ist nicht so teuer, aber gut.
Buch möchtest du? ● .... da.
Schuhe soll ich anziehen? ● .... passen gut.
Rock findest du besser? ● .... da.
Pullover gefällt dir besser? ● .... hier.
Pizza möchtest du lieber? ● .... hier, mit Käse und Tomaten.
Kuchen möchtest du? ● .... da.
Computer soll ich kaufen? ● .... finde ich sehr günstig.

20 Ergänzen Sie: *dieser – dieses – diese – welcher – welchen – welches – welche*

a ▲ Gehen wir .... Wochenende ins Kino? ● Ja gern. .... Film möchtest du sehen?

b ■ Sag mal, ... Übungen sollen wir machen? ◆ .... da.

c ● .... Formular muss ich ausfüllen? ■ .... hier.

d ◆ Hast du .... dicke Buch hier gekauft? ▲ .... meinst du?
  ◆ Na, ... da, die Grammatik der deutschen Sprache.

e ● .... Land liegt im Westen von Deutschland? ■ Belgien.

f ▲ .... Bus fährt zum Bahnhof? ■ .... da, die Nummer 5.

21 Notieren Sie im Lerntagebuch:
Was mögen Sie? Was mögen Sie nicht?

LERNTAGEBUCH

	Was mag ich?	Was mag ich nicht?
Farben:	Ich mag Rot und Blau.	Grün, Gelb und Braun mag ich nicht.
Essen:	Ich mag Schokolade.	Ich mag kein Gemüse.
	Ich mag Gulasch.	
...	...	...

E3

22 **Welche Antwort passt?**

a Wie steht mir die Farbe?
- ☐ Sehr gut.
- ☐ Sie ist zu eng.
- ☐ Gibt es die auch in Schwarz?

b Passt Ihnen die Hose?
- ☐ Ja, sie ist zu lang.
- ☐ Ja, sie ist sehr günstig.
- ☐ Ja, sie ist genau richtig.

c Gefällt Ihnen die Jacke?
- ☐ Welche steht mir besser?
- ☐ Ja, aber sie passt mir nicht.
- ☐ Wo kann ich sie bezahlen?

d Welcher Rock steht mir besser?
- ☐ Den da.
- ☐ Größe 38.
- ☐ Der blaue da.

e Ich mag Rot sehr gern.
- ☐ Den finde ich nicht so gut.
- ☐ Ich auch.
- ☐ Das ist zu teuer.

f Wo kann ich den Rock anprobieren?
- ☐ Hier bitte.
- ☐ Welche Größe brauchen Sie?
- ☐ Den habe ich nur in Blau.

E3

23 **Was passt zusammen? Schreiben Sie.**

a Entschuldigung, wo finde ich Sportkleidung?
b Welche Farbe steht mir besser? Rot oder Blau?
c Gibt es den Pullover auch in Weiß?
d Entschuldigung. Wo kann ich das bezahlen?
e Haben Sie die Hose auch in 38?
f Können Sie mir bitte helfen?

Tut mir leid, den habe ich nur in Blau.
Im Obergeschoss.
Ja, gerne. Was suchen Sie?
An der Kasse dort hinten rechts.
Nein, leider nur noch in dieser Größe.
Rot steht Ihnen sehr gut.

a ■ *Entschuldigung, wo finde ich Sportkleidung?*
   ● ....

b ▲ ....
   ....
   ● ....

c ◆ ....
   ....
   ▲ ....
   ....

d ◆ ....
   ....
   ● ....

e ■ ....
   ....
   ▲ ....

f ● ....
   ◆ ....

E3

24 **Wer sagt das? Verkäuferin (V) oder Kundin (K)?**

Können Sie mir bitte helfen? Ich suche eine Hose. ☒ K

Gut, die passt mir. Grau ist auch nicht schlecht. ☐

Ja, gern. Welche Größe haben Sie? ☐

Schwarz oder Blau. ☐

Und welche Farbe hätten Sie gern? ☐

Gut, dann probiere ich sie mal an. ☐

Aber in Grau habe ich sie auch in 42. Hier bitte. ☐

Leider nicht. Die habe ich nur in dieser Größe. ☐

Und? Passt Ihnen die Hose? ☐

Ich brauche Größe 40. ☐

Na ja, sie ist ein bisschen klein. Haben Sie die auch in 42? ☐

Hier habe ich eine schöne in Schwarz. ☐

3 20 ▭   Ordnen Sie das Gespräch. Hören Sie dann und vergleichen Sie.

K Können Sie mir bitte helfen? Ich suche eine Hose.
V Ja, gern. Welche …

25   **Ergänzen Sie die Gespräche.**

a   ● Schade, die Schuhe sind zu klein. ....
....

■ Nein, tut mir leid. Die habe ich nur in dieser Größe.

b   ▲ ....
....

■ Rot steht Ihnen besonders gut.

c   ■ Der Pullover ist sehr schön. ....
....

● Nein, leider nicht. Den habe ich nur in Blau.

d   ▲ Können Sie mir bitte helfen? ....

....

● Welche Größe haben Sie?

▲ ....

e   ■ Gefällt Ihnen die Bluse nicht?

● Doch, aber ....

■ Leider habe ich die nur in dieser Größe.

f   ● ....

▲ Im Obergeschoss.

Prüfung **26**   **Fragen Sie und antworten Sie.**

Thema „Einkaufen"

Hose	Jacke	Mantel	Pullover
Fernseher	Bett	Herd	Kühlschrank
Obst	Gemüse	Brot	Salat
Supermarkt	Bäckerei	Apotheke	Kaufhaus

A2

1 **Welcher Tag ist heute?**

12.08. *Der zwölfte achte.* .... *Der zwölfte August.* ....
20.04. ....
15.06. ....
23.02. ....
03.12. ....
01.01. ....

A3

2 **Antworten Sie.**

Geburtstagskalender.
Annette 17.10.
Stefanie 15.3.
Heiko 2.5.
Maja 28.7.
Sonja 17.9.

Wann hat Annette Geburtstag? *Am siebzehnten Oktober.* ....
Wann hat Stefanie Geburtstag? ....
Wann hat Heiko Geburtstag? ....
Wann hat Maja Geburtstag? ....
Wann hat Sonja Geburtstag? ....

Bäckerei Kunz
Wir machen Urlaub
1. – 25.8.

Wann ist die Bäckerei geschlossen?
Vom ....

Urlaub
Herr Meinert:
3.–20.7.
Frau Braun:
8.–19.11.

Wann ist Herr Meinert im Urlaub?
....
Wann ist Frau Braun im Urlaub?
....

A3
CD3 21

3 **Hören Sie und notieren Sie.**

a Datum heute: ....
b Theater: ....
c Antrag abgeben: ....
d Geburtsdatum: ....
e Sommerfest: ....
f Termin: ....

A4 Projekt

4

Ferientermine

In welchem Bundesland wohnen Sie? ....
Wann sind dort Schulferien?
im Frühling (an Ostern, an Pfingsten): ....
im Sommer: ....
im Herbst: ....
im Winter (an Weihnachten): ....

5 *sie, ihn* – **Wer ist das? Markieren Sie mit Pfeilen.**

Tina macht an Silvester ein Fest. Sie hat Niko eingeladen,
sie findet ihn sehr sympathisch. Niko bringt auch Sabine und Mike mit.
Tina und Bruno kennen sie noch nicht.
Tina hat auch Nikos Mutter eingeladen. Sie kann aber jetzt doch nicht nach
Deutschland kommen. Tina findet das sehr schade, denn sie möchte
sie so gerne kennen lernen.

6 **Lesen Sie das Gedicht und ordnen Sie die zweite Strophe.**

WER BESTIMMT DIE ZEIT?   *die Zeit bestimmt ihn*

ICH BESTIMME DIE ZEIT
DU BESTIMMST DIE ZEIT   *die Zeit bestimmt dich*
ER BESTIMMT DIE ZEIT
WIR BESTIMMEN DIE ZEIT
IHR BESTIMMT DIE ZEIT   *die Zeit bestimmt euch*
SIE BESTIMMEN DIE ZEIT
die Zeit bestimmt mich

....   *die Zeit bestimmt mich*

....

....   *die Zeit bestimmt sie*

....

....   *die Zeit bestimmt uns*

7 **Schreiben Sie wie in Aufgabe 6.**

Wer sieht was?

ich sehe die Sonne   die Sonne sieht mich

du ....

...

8 **Ergänzen Sie:** *mich – dich – ihn – es – sie – euch – Sie*

a
UNGELESEN
Hallo Eli und Semra, kann
ich ...... am Wochenende
besuchen?
:-)) Marc

b
UNGELESEN
Hallo Theo, ich möchte
...... zur Party am
Samstag einladen.
Clemens kommt auch.
Gruß Sven

c
UNGELESEN
Hallo Marc, ruf ......
doch bitte an.
Eli

d ▲ Nikos Mutter ist in Deutschland.
   Hast du .... schon kennen gelernt?
   ● Ja, ich habe .... mit Niko beim
   Einkaufen getroffen.

e ▲ Ist das dein Auto?
   ● Ja, ich habe .... seit zwei Monaten.

f ▲ Den Film musst du sehen, der ist super.
   Ich habe .... schon zwei Mal gesehen.
   ● Gehst du nochmal mit? Ich lade .... ein.

g ▲ Entschuldigung, Frau Jablonski,
   kann ich .... etwas fragen?
   ● Natürlich.

h ▲ Fährst du heute zum Supermarkt?
   ● Ja, heute Nachmittag.
   ▲ Kannst du .... mitnehmen?

i ▲ Wie geht es Bruno?
   ● Ich weiß es nicht, ich habe ....
   lange nicht gesehen.

B3 **9** Schreiben Sie die unterstrichenen Sätze mit *er – ihn – es – sie*.

a Meine Freundin wohnt in Frankfurt.   Meine Freundin hat zwei Kinder.
Sie hat zwei Kinder.

b ▲ Kennst du Niko?   ◆ Ja natürlich. Ich kenne Niko schon lange.
....

c ▲ Wie findest du Jana?   ◆ Ich finde Jana sehr sympathisch.
....

d Niko ist von Beruf Mechaniker.   Niko arbeitet bei WAFAG.
....

e ▲ Kaufst du den Rock?   ◆ Nein. Ich finde den Rock doch nicht so schön.
....

f ▲ Sie müssen das Formular ausfüllen.   ◆ Tut mir leid, ich verstehe das Formular nicht.
....

g Vielen Dank für die Blumen.   Die Blumen sind sehr schön.
....

h ▲ Gefällt dir der Mantel?   ◆ Ja, aber ich finde den Mantel sehr teuer.
....

B4 Projekt **10** **Wie feiert man in Deutschland das neue Jahr? Wann?**
Und wann feiert man in Ihrem Land Neujahr? Wie feiern Sie?
Zeichnen Sie und schreiben Sie.

Ein gutes neues Jahr!   Bonne année!   Yeni yılın kutlu olsun!

Felice Anno Nuovo!   ¡Feliz Año Nuevo!

Onnellista uutta vuotta!   Gott nytt år!   Veiksmīgu Jauno gadu!

Edukat uut aastat!

Deutschland

Spanien
In Spanien essen wir um Mitternacht jede Sekunde eine Weintraube und trinken Champagner.

Sie kann leider nicht kommen, **denn** ihre Schwester ist krank.

C · 14

11 Was passt? Ergänzen Sie die Sätze.

... heute Abend kommen Gäste. ● ... er muss noch Hausaufgaben machen. ●
... er hat nicht genug Geld. ● ... es ist schon so spät.

a

Herr Nehm kann das Auto nicht kaufen,
denn er ....

c

Frau Nehm putzt die Wohnung,
denn ....

b

Steffi darf nicht in die Disko gehen,
denn ....

d

Leo darf nicht fernsehen,
denn ....

12 Ergänzen Sie die Sätze.

a Frau Nehm fährt viel Fahrrad, denn ....

b Herr Nehm fährt lieber mit dem Auto, denn ....

c Leo will heute nicht in die Schule gehen, denn ....

d Steffi möchte unbedingt in die Disko gehen, denn ....

13 Verbinden Sie die Sätze mit *und – oder – aber – denn*.

a Heute gibt es bei Schneiders ein Fest. Es ist Silvester.
Heute gibt es bei Schneiders ein Fest, denn es ist Silvester.
Tina hat Niko eingeladen. Sie findet ihn sympathisch.

....

Niko kommt gerne. Er bringt auch Sabine und Mike mit.

....

b ▼ Kommst du zum Fest?
◆ Ich komme gern. Ich kann erst sehr spät kommen.

....

Ich mache einen Salat. Ich bringe auch einen Kuchen mit.

....

c Ich lerne Italienisch. Ich finde die Sprache sehr schön.

....

d Was machen wir heute Abend? Gehen wir tanzen? Bleiben wir zu Hause?

....

Phonetik
3 22 ⊡

14 Hören Sie und sprechen Sie nach.

Nikos Mutter kommt nicht nach Deutschland, → denn ihre Schwester ist krank. ↘
Ich bringe einen Salat mit → und Peter kauft die Getränke. ↘
Ich möchte gerne ein Auto kaufen, → aber ich habe kein Geld. ↘
Heute Nachmittag gehe ich schwimmen → oder ich fahre mit dem Fahrrad. ↘
Kommst du um drei Uhr ↗ oder kannst du erst um fünf kommen? ↘
Trinkst du einen Kaffee ↗ oder möchtest du lieber einen Tee? ↘

Wo steigen Sie ein? Was möchten Sie noch üben? Wählen Sie aus.

---

1 **Schreiben Sie:** *Ich über mich – Folge 1*

Name ● Herkunftsland ● Geburtsort ● Wohnort in Deutschland ● Adresse ● Telefonnummer

Ich heiße ...

---

2 ***der* oder *das* oder *die*?**
Notieren Sie.

Möbel		Lebensmittel	
der	das	der	die
der Tisch			

Körperteile		Kleidung	
der	die	die	die

---

3 ***1 ... – 2, 3, 4, ... viele, alle.***
Ergänzen Sie die Tabelle.

-e	-n	-en
der Brief – die Briefe	*der Name – die Namen*	*die Zahl – die Zahlen*
...	...	...

-er	–	¨
das Kind – die Kinder	*das Zimmer – die Zimmer*	*der Bruder – die Brüder*
...	...	...

¨e	¨er	-s
die Stadt – die Städte	*das Fahrrad – die Fahrräder*	*das Foto – die Fotos*
...	...	...

---

4 ***ich, du, ...***
Was passt? Kreuzen Sie an.

	ich	du	er	sie	wir	ihr	sie	Sie	
Sprechen					x		x	x	Deutsch?
Wann stehst									auf?
Wohin geht									jetzt?
Macht									einen Deutschkurs?
Wie heißt									denn?
Nehmen									den Bus um acht Uhr?
Versteht									das nicht?
Kann									um 2 Uhr kommen?
Musst									heute arbeiten?

5 *ich helfe, du hilfst ...*
Ergänzen Sie.

a (helfen) ▲ Ich *helfe* Sabine. .... du ihr auch?
● Nein, Klaus .... ihr.

b (fahren) .... du mit dem Bus?   **g** (essen) .... du gerne Pizza?
c (treffen) Manuel .... Marco.   **h** (lesen) .... du gerne?
d (geben) .... es die Hose auch in Rot?   **i** (geben) .... du mir zehn Euro?
e (sprechen) Jana .... gut Deutsch.   **j** (nehmen) .... du ein Taxi?
f (nehmen) Peter .... jeden Tag zwei Tabletten.   **k** (sehen) Du .... müde aus.

6 *der* oder *den*, *ein* oder *einen*?
Kreuzen Sie an.

	der	den	
Unterstreichen Sie bitte		x	Familiennamen.
Wie viel kostet			Mantel?
Hast du			Arzt angerufen?
Ich habe			Termin vergessen.
Dort hinten ist			Parkplatz.
Wo ist denn			Ausgang?

	ein	einen	
Niko hat			Pullover gekauft.
Das ist			Schokoladenkuchen.
Meine Mutter hat			Obstkuchen gemacht.
Wo ist hier			Fahrkartenautomat?
Hast du			Bruder?
Ist das			Brief von Linda?

7 *? – . – !*
Bilden Sie Sätze.

a Silvester – feiern – wie – Sie – ?   **f** heute Abend – komm – um acht Uhr – bitte – !
b am besten – mir – Hose – gefällt – diese – .   **g** Hose – soll – welche – nehmen – ich – ?
c Sie – auch in Blau – diesen – haben – Pulli – ?   **h** bitte – Brötchen – und Milch – kauf – !
d du – im Dezember – Geburtstag – hast – ?   **i** kann – zum Bahnhof – mit dem Bus –
e rufe – dich – an – morgen – ich – .   man – fahren – .

8 *Ich gehe ... . Jeden Tag gehe ich ... .*
Ergänzen Sie die Sätze.

a | jeden Tag | Ich gehe eine Stunde schwimmen.   *Ich gehe jeden Tag eine Stunde schwimmen.*
Jeden Tag gehe ich eine Stunde schwimmen.

b | gestern | Ich habe nicht gearbeitet.   ....
....

c | am Montag | Ich kann nicht zum Kurs kommen.   ....

d | um 17 Uhr | Niko hat einen Termin beim Arzt.   ....

e | heute Abend | Marina feiert ihren Geburtstag.   ....
....

9   *nicht* oder *kein*?
Ergänzen Sie.

a   Ich koche gern.   *Ich koche nicht gern.*

b   Ich habe Hunger.   ....

c   Haben Sie Telefon?   ....

d   Mein Bein ist gebrochen.   ....

e   Sie brauchen einen Verband.   ....

f   Ich fahre mit dem Bus.   ....

g   Sie hat Zeit.   ....

h   Wir machen ein Picknick.   ....

i   Ich arbeite als Automechaniker.   ....

j   Die Musik gefällt mir.   ....

---

10   **Schreiben Sie:** *Ich über mich – Folge 2*

Sind Sie verheiratet? ● Haben Sie Kinder? ● Sohn, Tochter? ● Wie alt? ●
Was sind Sie von Beruf? ● Arbeiten Sie in Deutschland? ● Wo arbeiten Sie?

---

11   *ein, einen, eine – der, den, das, die*?
Ergänzen Sie.

a   ● Ist hier .... Supermarkt in der Nähe?

▲ Ja, dort, die erste Straße rechts.

● Und ist .... noch geöffnet?

b   ■ Wann fährt .... nächste Zug
nach Potsdam?

◆ Um 14 Uhr 30.

■ Ist das .... ICE oder .... IC?

c   ▼ Ivano macht jetzt .... Deutschkurs.

▲ Aha. Und wie lange dauert .... Kurs?

d   ■ Möchtest du .... Kuchen?

● Ja gern.

■ Ich habe .... Obstkuchen gemacht und
meine Mutter hat .... Schokoladenkuchen
gemacht.

e   ▲ Gibt es .... Bus zum Bahnhof?

◆ Nein, nur .... Straßenbahn, ...
Nummer 14.

f   ● Schau mal, hier habe ich .... Foto:
.... Frau da ist meine Mutter und
.... Mann hier ist .... Freund von uns.

---

12   *Stunde* oder *Uhr*? **Ergänzen Sie.**

a   Herr Farsai arbeitet 20 .... in der Woche.

b   ▲ Wie lange dauert der Kurs?   ● Zweieinhalb ....

c   ▲ Wann kommt das Fußballspiel im Fernsehen?   ● Um zwanzig .... fünfzehn.

d   ▲ Wie lange musst du noch arbeiten?   ● Ungefähr zwei ....

e   ▲ Wie spät ist es?   ● Hast du keine ....?

f   ▲ Wann musst du gehen?   ● In einer ....

---

13   **Schreiben Sie:** *Ich über mich – Folge 3*

Seit wann sind Sie in Deutschland? ● Wie gefällt Ihnen Ihr Wohnort? ●
Was finden Sie dort gut, was nicht so gut? ● Was machen Sie in der Freizeit?

14 an|kommen – ab|holen – ein|steigen – ...
Bilden Sie Sätze.

a mein Zug – ankommen – um 18 Uhr –
in Frankfurt – . – du – abholen – mich – ?   ....

b einsteigen – bitte – Sie – !   ....

c in zwei Minuten – abfahren – der Bus – .   ...

d aussehen – Sie – wirklich sehr gut – .   ...

e am ersten Oktober – umziehen – wir – .   ...

f Jörg, bitte – den Fernseher – ausmachen – !   ....

g anrufen – ich – am Wochenende – dich – .   ...

h Alex, bitte – endlich – aufstehen – und –
dein Zimmer – aufräumen – .   ...

15 von ... bis – am – um – im – vor – seit – bis
Ergänzen Sie.

a ▲ Wann ist das Büro geöffnet?
● .... Montag .... Freitag .... 10 .... 16 Uhr, ... Dienstag und
.... Donnerstag .... 18 Uhr.

b ▲ Wann hast du mich angerufen?   ● .... einer Stunde.

c ▲ Wann hast du Geburtstag?   ● .... fünften April.

d ▲ Wann machst du Urlaub?   ● Erst .... Winter. Ich fahre so gerne Ski.

e ▲ Wann hast du Deutschunterricht?   ● .... Mittwoch .... 18 Uhr.

f ▲ Wie lange wartest du schon?   ● .... 20 Minuten.

g ▲ Wann hast du Miro gesehen?   ● .... drei Tagen.

h ▲ Wann ziehst du in die neue Wohnung?   ● .... September.

16 für – nach – beim – in – bis – ab
Ergänzen Sie.

a Gehen wir .... dem Essen ein bisschen spazieren?

b Ich gehe jetzt einkaufen. .... einer Stunde bin ich wieder da.

c ▼ Na, wie war es denn gestern Abend auf der Party?
■ Das habe ich dir doch schon .... Frühstück erzählt!

d Du, ich brauche dein Auto noch einen Tag. Kannst du es mir bitte .... morgen leihen?

e Ich suche eine Arbeit .... zwei Tage in der Woche.

f ● Wie lange arbeitest du jeden Tag?
▼ Im Moment zwei Stunden, aber .... Montag drei Stunden am Tag.

g ▲ Ich komme heute mit zum Training.
◆ Gut, dann hole ich dich .... zehn Minuten ab.

17 *Ich habe gearbeitet. – Wir sind gekommen.*
Schreiben Sie.

ich arbeite   *Ich habe gearbeitet.* ....   wir kommen   ....

ich mache   ....   wir kaufen   ....

du suchst   ....   ihr schlaft   ....

du schreibst   ....   ihr antwortet   ....

er geht   ....   sie spielen   ....

sie sagt   ....   Sie fahren   ....

18 **Schreiben Sie.**

den Brief lesen   (du) *Lies bitte den Brief!* ....   *Ich habe den Brief gelesen.* ....

(ihr) *Lest bitte den Brief!* ....   *Wir haben den Brief gelesen.* ....

die Hausaufgaben machen   (du) ....

(ihr) ....

die Vokabeln lernen   (du) ....

(ihr) ....

nicht so viel essen   (du) ....

(ihr) ....

das Formular unterschreiben   (Sie) ....

die Lehrerin fragen   (Sie) ....

19 *war – hatte*
Ergänzen Sie.

a   ▲ 1974, wie alt .... du da?

● Ich .... zwölf.

b   ▼ Ich .... gestern Abend bei dir, aber du .... nicht zu Hause.

■ Ja, ich .... Englischkurs.

c   ◆ Wo .... Sie denn gestern? Wir .... doch Deutschunterricht.

● Ich .... einen Termin beim Arzt.

d   ▲ Wie .... denn Ihr Urlaub?

■ Na ja, es geht. Das Wetter .... sehr schlecht.

e   ▼ Wo .... ihr denn so lange? Ich warte schon zwanzig Minuten.

◆ Wir .... dort in der Bäckerei.

f   ■ Was habt ihr am Wochenende gemacht?

● Wir .... Besuch. Meine Schwester und ihr Mann .... da.

20 Schreiben Sie: *Ich über mich – Folge 4*

Ich kann gut ....   Ich kann nicht so gut ....

....

....

Ich muss leider ....   Ich darf nicht ....

....

....

Ich möchte gern ....   Ich will heute ....

....

....

21 *Wo?*
Finden Sie 8 Unterschiede.

Rechts ... ist eine Apotheke. ... steht ein Lkw.

22 *Wer? – Was? – Wie? – Woher? – Wo? – Wohin? – Wann?*
Ergänzen Sie.

Wie bitte?

Das ist meine Freundin.   .... ist das?

Sie heißt Stefanie.   .... heißt sie?

Sie kommt aus Kanada.   .... kommt sie?

Sie ist Verkäuferin von Beruf.   .... ist sie von Beruf?

Sie arbeitet bei „Exquisit".   .... arbeitet sie?

Sie hat ihre Deutsch-Prüfung gemacht.   .... hat sie gemacht?

Jetzt machen wir Urlaub.   .... macht ihr Urlaub?

Wir fahren zusammen nach Italien.   .... fahrt ihr?

23 **Wo? Wohin? Woher?**

Ergänzen Sie: *zu – zum – zur – nach – aus – in – in der – in die – beim*

a ▲ Was hast du denn gemacht? Dein Fuß sieht ja schlimm aus.

● Ich hatte einen Unfall.

▲ Warst du schon .... Arzt?

● Nein.

▲ Du musst aber dringend .... Arzt!

b ▼ Frau Giang, woher kommen Sie?

■ .... Vietnam.

▼ Und wo wohnen Sie jetzt?

■ .... Dresden.

c ◆ Gehst du .... Post? Kannst du den Brief mitnehmen?

● Nein, ich muss .... Bank.

d ▼ Bist du um acht Uhr .... Hause?

■ Nein, heute komme ich erst um zehn .... Hause.

e ● Wo hast du das Brot gekauft? Das schmeckt gut! .... Bäckerei Kaiser?

▲ Nein, ich gehe immer .... Bäckerei Kunz.

f ▼ Entschuldigung, ich suche das Hotel Astoria?

■ Das ist .... Kaiserstraße. Das ist die zweite Straße dort rechts.

24 *Könnten Sie ... / Würden Sie ...*
Bitten Sie sehr höflich.

Mach bitte das Radio aus.

Könntest du .... *Würdest du* ....

Sprechen Sie bitte langsam.

....

Erklären Sie das bitte noch einmal.

....

Mach bitte das Frühstück.

....

25 *viel – mehr – am meisten*
Ergänzen Sie: *mehr – am meisten – besser – am besten – lieber – am liebsten*

a Ich verdiene nicht viel, nur acht Euro die Stunde. Meine Schwester verdient ....,

sie bekommt zehn Euro in der Stunde. Aber mein Bruder verdient ....,

er bekommt zwölf Euro.

b Gehen Sie gern ins Kino oder sehen Sie .... fern?

c Mein Mann fährt gern Fahrrad, aber ich schwimme ....

d ▲ Welchen Pullover findest du ...., den da oder den hier?

● Ich finde beide gut, aber der hier passt dir ....

e ■ Was machst du in der Schule .... und was kannst du ....?

▼ .... mache ich Sport und .... kann ich Volleyball spielen.

26 *mir, dir ...*
Ergänzen Sie.

 Was ist „es"?

ich: Es macht ..*mir*.. Spaß.   Jonas: .... macht es sicher Spaß.

du: Macht es .... auch Spaß?   Elke: Und .... auch.

Frau Hagner: Und macht es .... Spaß?   wir: Natürlich macht es .... allen Spaß.

Schreiben Sie auch einen Text: *Es gefällt mir. Gefällt es ...*

---

27 *mich, dich, ...*
Ergänzen Sie.

a ▲ Markus hat .... gestern angerufen. Ich soll .... vom Bahnhof abholen.

● Und wann?

▲ Um drei.

● Da fahre ich auch zum Bahnhof. Soll ich .... mitnehmen?

b ■ Hast du meine Brille gesehen? Ich suche .... schon den ganzen Tag.

▼ Was? Du hast .... doch auf der Nase!

c ◆ Hast du ein Fahrrad?

● Ja, sicher.

◆ Kannst du .... mir bitte für zwei Tage leihen?

d Ich suche meinen Schlüssel. Hast du .... gesehen?

e ▲ Ach Mama, fährst du .... bitte zum Training und holst du .... auch wieder ab?

● Ich kann .... hinfahren, aber abholen kann ich .... nicht.

f ■ Guten Tag Frau Schröder! Ich habe .... lange nicht gesehen. Waren Sie in Urlaub?

▼ Ja, meine Kinder leben doch jetzt in Frankreich. Ich habe .... dort besucht.

---

28 *mein, meine, meinen – dein, deine, deinen – sein, seine, ... – ...*
Ergänzen Sie.

a ▲ Am Wochenende kommt .... Schwester. Sie bringt auch .... Freund mit.

● Heißt .... Freund Armin?

▲ Ja.

● Dann kenne ich .... Freund.

b ▼ Hast du .... Wörterbuch gesehen?

■ Nein, ... Wörterbuch nicht, aber .... Deutschbuch.

c Guten Tag, Herr Hofmann, kann ich bitte .... Frau sprechen?

d ▲ Guten Tag, Carola, kann ich .... Eltern sprechen?

● .... Vater nicht, er ist nicht da, aber .... Mutter.

e ◆ Wo arbeitet denn .... Sohn, Frau Eckert?

▼ Bei Greiff und Co. .... Arbeit gefällt ihm sehr gut.

f Du musst hier .... Vornamen und hier .... Familiennamen eintragen.

g ▲ Milan und Samad, sind das .... Bücher? ● Nein, wir haben .... Bücher hier.

h ▼ Wie heißen Sie? ● Karokhail.

▼ Buchstabieren Sie bitte .... Namen.

i Das sind Herr und Frau Allafi und .... Tochter Fahima.

	Teil	Text	Punkte	Gewicht	Minuten
Hören	1	Gespräche	6	25 %	circa 20
	2	Durchsagen	4		
	3	Ansagen am Telefon	5		
Lesen	1	Briefe, Faxe ...	5	25 %	25
	2	Anzeigen	5		
	3	Schilder, Zettel ...	5		
Schreiben	1	Formular	5	25 %	20
	2	Mitteilung	10		
Sprechen	1	Vorstellen	3	25 %	circa 15
	2	Informationen	6		
	3	Bitten	6		

● ●

Hören – Teil 1

In *Teil 1* hören Sie sechs kurze Gespräche zwischen zwei Personen auf der Straße, zu Hause, bei der Arbeit usw. Zu jedem Gespräch lösen Sie eine Aufgabe. Sie hören jedes Gespräch zweimal. Arbeitszeit: etwa 7 Minuten

Tipp

Aufgaben

Vor dem Hören

● Vor dem Hören haben Sie ein paar Sekunden Zeit. Lesen Sie die Fragen in den Aufgaben 0 bis 6.

● Markieren Sie die Fragewörter: *Woher*, *Wann* usw.

● Die Antworten *a*, *b* und *c* gibt es als Bild und Wörter. Verstehen Sie ein Wort nicht? – Kein Problem. Die Bilder helfen Ihnen.

Tipp

1./2. Hören

Hören und Lösen

● Hören Sie beim ersten Hören nur: Über welches Thema sprechen die Personen?

● **Vor** dem **zweiten** Hören sehen Sie die drei Antworten *a*, *b* und *c* an.
Wissen Sie die Antwort, dann kreuzen Sie schon an. Prüfen Sie dann **nach** dem **zweiten** Hören: Ist Ihre Antwort richtig?

Genau hören

Sehen Sie die drei Antworten *a*, *b* und *c* an.
Im Hörtext hören Sie oft Wörter aus zwei oder allen drei Antworten.
Aber: Nur eine Antwort ist richtig.

23-29

Kreuzen Sie an: *a*, *b* oder *c*. Sie hören jeden Text zweimal.

Beispiel

0   **Woher kommt die Kollegin?**

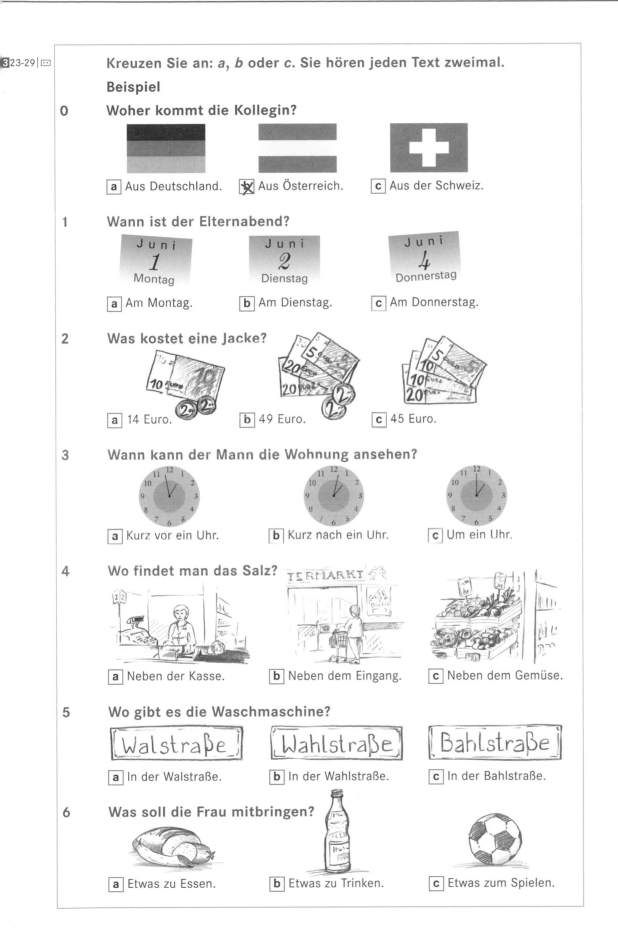

a Aus Deutschland.   **☒** Aus Österreich.   c Aus der Schweiz.

1   **Wann ist der Elternabend?**

J u n i
1
Montag

J u n i
2
Dienstag

J u n i
4
Donnerstag

a Am Montag.   b Am Dienstag.   c Am Donnerstag.

2   **Was kostet eine Jacke?**

a 14 Euro.   b 49 Euro.   c 45 Euro.

3   **Wann kann der Mann die Wohnung ansehen?**

a Kurz vor ein Uhr.   b Kurz nach ein Uhr.   c Um ein Uhr.

4   **Wo findet man das Salz?**

a Neben der Kasse.   b Neben dem Eingang.   c Neben dem Gemüse.

5   **Wo gibt es die Waschmaschine?**

Walstraße   Wahlstraße   Bahlstraße

a In der Walstraße.   b In der Wahlstraße.   c In der Bahlstraße.

6   **Was soll die Frau mitbringen?**

a Etwas zu Essen.   b Etwas zu Trinken.   c Etwas zum Spielen.

Hören – Teil 2

Sie hören in *Teil 2* vier Durchsagen, zum Beispiel am Flughafen, am Bahnhof, im Bus oder im Supermarkt. Zu jedem Text lösen Sie eine Aufgabe.
Arbeitszeit: etwa 4 Minuten

Tipp
Lese-Zeit

Hören und Lösen

- Sie hören die vier Texte nur einmal.
- Sie haben eine Lese-Zeit **vor** jeder Aufgabe.
- Lesen Sie die Aufgaben. Unterstreichen Sie: Was *sollen* die Personen *tun*?
  Beispiel: *Der Fahrer des VW-Golf soll zum Ausgang gehen.*

CD3 30-34 |

Kreuzen Sie an: Richtig **oder** Falsch. **Sie hören jeden Text einmal.**

Beispiel

0	**Der Fahrer des VW-Golf soll zum Ausgang gehen.**	Richtig	Falsch
7	**Der Reisende, Herr Esser, soll zur Information gehen.**	Richtig	Falsch
8	**Die Fahrgäste sollen sitzen bleiben.**	Richtig	Falsch
9	**Die Kundin soll an der Kasse bezahlen.**	Richtig	Falsch
10	**Der Fluggast Kohl soll seine Tasche schließen.**	Richtig	Falsch

Hören – Teil 3

In *Teil 3* hören Sie fünf Ansagen am Telefon. Es sprechen Privatpersonen, also zum Beispiel Freunde, oder Personen aus der Schule, der Arztpraxis, der Autowerkstatt, dem Büro usw. Zu jeder Ansage lösen Sie eine Aufgabe. Sie hören jeden Text zweimal. Arbeitszeit: etwa 5 Minuten

Tipp
Schwere
Wörter

Hören und Lösen

Sie verstehen beim Hören ein Wort nicht? Denken Sie nicht: Das habe ich *nicht* verstanden!
Denken Sie: Das *alles* habe ich verstanden!
Lesen Sie dazu zum Beispiel den Hörtext zu Aufgabe Nummer 11.

Im Radio habe ich ▮▮▮ ● ● gehört: Gleich kommt ein ▮▮▮ ● ●. Könntest du bitte in meinem Zimmer das Fenster zumachen? Es regnet ● ▮▮▮ ●. Mach auch bitte die Balkontür zu.

In diesem Text fehlen ein paar schwere Wörter: *gerade, schlimmes Gewitter, sonst wieder rein.*
Lesen Sie Aufgabe 11. Sie sehen: Sie brauchen diese Wörter nicht für die Lösung.

CD3 35-39 |

Kreuzen Sie an: *a, b* **oder** *c.* **Sie hören jeden Text zweimal.**

11   Was soll Ludwig in Erikas Zimmer machen?

a Die Tür aufmachen.   **b** Das Fenster schließen.   **c** Das Fenster öffnen.

12   Wo warten die Freunde?

a Am Grillplatz.   **b** Im U-Bahnhof.   **c** Im Westpark.

13   Warum kommt Vanessa nicht?

a Sie ist in der Schule.   **b** Sie ist krank.   **c** Sie mag ihre Lehrerin nicht.

14   Wie lange soll Frau Serf arbeiten?

a Bis fünf Uhr.   **b** Bis acht Uhr.   **c** Bis zwei Uhr.

15   Wann ist die Praxis zu?

a Am Vormittag.   **b** Am Nachmittag.   **c** Am Mittwoch.

Nach dem Hören

Am Ende der Prüfung *Hören* übertragen Sie Ihre Lösungen auf den Antwortbogen.
Sie haben dafür 3 Minuten Zeit. Kreuzen Sie bei jeder Nummer eine Antwort an.
Haben Sie einen Text oder eine Aufgabe nicht richtig verstanden?
Kreuzen Sie trotzdem an. Vielleicht ist Ihre Lösung ja richtig.

• •

Lesen – Teil 1

In *Teil 1* lesen Sie zwei kurze Texte, z.B. Briefe, Faxe, E-Mails, Notizen von Freunden,
Kollegen oder anderen Personen. Dazu lösen Sie fünf Aufgaben.
Arbeitszeit: etwa 5 Minuten

Vor dem Lesen

• Lesen Sie zuerst die Aufgaben, dann den Text.
• Fragen Sie: Welche Informationen brauche ich für die Aufgabe? Im Text gibt es mehr
  Informationen, als Sie brauchen.

Lesen und Lösen

• Markieren Sie in den Aufgaben die wichtigen Wörter.
  Beispiel: *Herr Anass möchte Gemüse kaufen.*

• Suchen Sie dann im Lesetext passende Informationen. Achtung: Die Informationen
  sind im Text in anderen Worten geschrieben als in der Aufgabe.
  Beispiel: Aufgabe 2:
  Im Lesetext steht: *Ich (...) suche (...) eine Verkäuferin.*
  In der Aufgabe steht: *Er braucht eine Verkäuferin.*

Sind die Sätze 1–5 Richtig oder Falsch? Kreuzen Sie an.

Beispiel

0 **Herr Anass möchte Gemüse kaufen.** | Richtig | Fal**X**ch |

> **Stellengesuche – Chiffre 654**
>
> Sehr geehrte Interessentin,
>
> in der Frankfurter Rundschau habe ich Ihre Anzeige gelesen.
>
> Ich habe ein Gemüsegeschäft in der Kaiserstraße 96 und suche für
> drei Abende in der Woche eine Verkäuferin. Einmal wöchentlich brauche ich
> auch eine Hilfe zum Putzen. Die Arbeitszeit ist jeweils von 17 bis 20 Uhr.
> Ich bezahle 350 Euro im Monat plus Versicherung.
>
> Haben Sie Interesse? Dann rufen Sie mich bitte an unter 069/29 48 57.
>
> Mit freundlichen Grüßen
>
> *Heinrich Anass*

1	**Herr Anass hat eine Anzeige geschrieben.**	Richtig	Falsch
2	**Er braucht eine Verkäuferin.**	Richtig	Falsch
3	**Die Interessentin soll Herrn Anass anrufen.**	Richtig	Falsch

```
Ihr Flug - Nachricht (Rich-Text)                               _ □ ✕
Datei  Bearbeiten  Ansicht  Einfügen  Format  Extras  Aktionen  ?
  Senden  🖨  📎  🔖  !  ❗ Optionen...  »  Georgia      ▼  12  ▼  F  »

An...     hp_meier@meier.de
Cc...
Betreff:  Ihr Flug

Lieber Herr Meier,

vielen Dank für Ihre Flugdaten. Ich hole Sie mit dem Auto
vom Flughafen ab. Sie kommen am Terminal 2 an. Gehen Sie
bitte nach der Zollkontrolle zum Ausgang und zum Parkplatz.
Ich fahre einen Smart, der Wagen ist hellrot. Bis morgen.
Guten Flug.
Ihre
Angela Huber
```

4 Frau Huber möchte Herrn Meier zum Flughafen bringen. | Richtig | | Falsch |

5 Herr Meier soll zum Parkplatz kommen. | Richtig | | Falsch |

Lesen – Teil 2

In *Teil 2* lesen Sie Anzeigen aus der Zeitung, aus dem Internet usw. Personen suchen zum Beispiel eine Wohnung, ein Möbelstück oder ein gebrauchtes Auto. In jeder Aufgabe gibt es zwei Anzeigen. Nur eine passt.
Arbeitszeit: etwa 10 Minuten

Tipp

Wichtiges markieren

Lesen und Lösen

- Lesen Sie zuerst die Aufgabe.
- Fragen Sie: Was ist die Situation? Unterstreichen Sie die wichtigen Wörter.
  Beispiel: Aufgabe 0: *Herr und Frau Melchior suchen eine Wohnung*.
- Lesen Sie dann die Anzeigen.

A Ehepaar (34/34, Mechaniker/Hausfrau) suchen 3–4-Zi.-Wohnung (ab 80 qm) in Berlin-Mitte. Nähe S-Bahn, 800–1000 € Tel.: 0171 / 405 93 83

B Berlin-Mitte: sonnige 2-Zimmer-Wohnung, 63 qm, Keller, Hobbyraum 12 qm, 7 Min. zu U/S-Bahn, sofort frei, 690 € + NK, Tel.: 030 / 995 85 03

Anzeige A

Lesen Sie Aufgabe 0. Die Wörter *suchen* und *Wohnung* gibt es in Anzeige A und in der Aufgabe. Doch: Anzeige A passt nicht. Warum? Das Ehepaar in Anzeige A sucht eine Wohnung. Der Mechaniker und die Hausfrau geben eine Anzeige in die Zeitung. Sie können Herrn und Frau Melchior keine Wohnung vermieten.

Anzeige B

Das Ehepaar Melchior möchte eine Wohnung mieten.
Anzeige B ist ein Angebot für eine 2-Zimmer-Wohnung. Sie passt.

Zeit! Verstehen Sie eine Anzeige oder Aufgabe nicht? Gehen Sie zur nächsten Aufgabe. Sonst verlieren Sie zu viel Zeit. Bearbeiten Sie dann am Ende die restlichen Aufgaben.

Lesen Sie die Texte und die Aufgaben 6–10. Welche Anzeige passt?
Kreuzen Sie an: *a* oder *b*?

Beispiel

0   **Herr und Frau Melchior suchen eine Wohnung.**

A	B
Ehepaar (34/34, Mechaniker/Hausfrau) suchen 3–4-Zi.-Wohnung (ab 80 qm) in Berlin-Mitte. Nähe S-Bahn, 800–1000 € Tel.: 0171 / 405 93 83	Berlin-Mitte: sonnige 2-Zimmer-Wohnung, 63 qm, Keller, Hobbyraum 12 qm, 7 Min. zu U/S-Bahn, sofort frei, 690 € + NK, Tel.: 030 / 995 85 03
a	☒

6   **Sie suchen Freunde mit Kindern.**

A	B
Anna, 31, verheiratet. Mir fehlt noch die „beste" Freundin mit Herz zum Schreiben, Treffen und Lachen. Telefon: 0175 / 344 17 57	Corinna, 33, mit Sohn, fünf Jahre, Tochter, zwei Jahre. Wir ziehen im November nach Rosenheim und suchen dort offene Menschen, die uns Tipps über Schule, Musikschule, Sport geben. Schickl eine SMS an: 0170 / 950 30 23
a	b

7   **Sie suchen Arbeit. Sie haben einen PKW-Führerschein und abends Zeit.**

A	B
Machen Sie bei uns den Busführerschein. Vormittagskurse, Nachmittagskurse, intensive Abendkurse. Telefon: 030 / 534 81 18	Suche Taxifahrer/Taxifahrerin für Nacht und Wochenende. Festanstellung. Tel.: 0171 / 640 76 68
a	b

8   **Ihr Computer funktioniert nicht mehr. Sie wollen keinen Computer kaufen.**

A	B
COMPUTER NOTDIENST Reparaturen kompetent + preiswert. Täglich 8–22 Uhr (auch Wochenende und Feiertag). Tel.: 0179 / 396 74 33	**COMPUTER LANGER** Sonderangebot! Große Verkaufsaktion: Computer, PC, Drucker, Modem, alles direkt vom Hersteller neu, einzelne gebrauchte Computer mit Garantie zu günstigen Preisen. Nürnberger Hauptstraße 17
a	b

9   **Ihre Nachbarin möchte Sport machen.**

A	B
Hausfrauen und Mütter aufgepasst! Ihre Familie ist aus dem Haus – möchten Sie etwas für sich tun? Tennisstunden mit Trainer, vormittags ab 8 Uhr. Wo? Im Parkclub. Tel.: 548 30 210	**Lernen macht Spaß!** Englisch-Stunden für Kinder und Jugendliche in kleinen Gruppen. Intensives Training! Tel.: 840 93 02
a	b

10   **Ihre Nachbarin hat einen Sohn. Er braucht einen Kinderstuhl.**

A	B
Privater Kinderflohmarkt. Kleidung für Jungen und Mädchen in den Größen 56 bis 152. Preise von 1 bis 50 €. Frau Steindl, Haderunstraße 29, Sa / So ab 10 Uhr.	*Kindermöbel – Sonderaktion! Lagerverkauf von allen Möbeln rund ums Kind. Tel.: 0212 / 402 94*
a	b

Lesen – Teil 3

In *Teil 3* lesen Sie fünf Schilder oder Zettel. Man findet solche Texte zum Beispiel an einem Geschäft, im U-Bahnhof, an einem Restaurant usw. Zu jedem Text lösen Sie eine Aufgabe. Arbeitszeit: etwa 5 Minuten

Tipp
Wichtige
Wörter

Lesen und Lösen

- Lesen Sie zuerst die Aufgabe, dann den Lesetext.
- Unterstreichen Sie in der Aufgabe wichtige Wörter.
  Beispiel: Aufgabe 0: *Man kann in dem Geschäft zurzeit nicht einkaufen*.
- Markieren Sie dann auf dem Schild/Zettel das wichtige Wort.
  Beispiel: *Wir haben geschlossen*.

Lesen Sie die Texte und die Aufgaben 11–15. Kreuzen Sie an: Richtig **oder** Falsch **?**

Beispiel

0 **An der Tür vom Supermarkt**

> **Alles neu macht der Mai!**
> Wir haben geschlossen.
> Sie können voraussichtlich ab Ende Mai bei uns einkaufen.
> Wir bitten um Ihr Verständnis.

Man kann in dem Geschäft zurzeit nicht einkaufen.   [Richtig ✗]   [Falsch]

11 **Kleiderladen – am Fenster**

> **Sommerschlussverkauf**
> Jacken, Kleider, Hosen
> **Sie zahlen für Sommersachen ab sofort nur noch 50 %.**

Sommerkleidung kostet nicht so viel wie normal.   [Richtig]   [Falsch]

12 **An einer Informationstafel**

> **Zu verkaufen!**
> Ferienhaus im Schwarzwald, 4 Zimmer, Küche, Bad, separate Dusche, WC. Terrasse nach Süden.
> Für nähere Informationen rufen Sie bitte an unter 0221 / 257 84 44.

Man kann das Haus mieten.   [Richtig]   [Falsch]

13 **In der Arztpraxis**

> **Liebe Patienten,**
> bitte legen Sie bei jedem Besuch Ihre Versichertenkarte vor.
> Patienten ohne Karte erhalten von uns ab sofort eine Rechnung.
> Wir bitten um Ihr Verständnis.
> **Doktor Schrader**

Man bekommt jetzt immer eine Rechnung.   [Richtig]   [Falsch]

14 **An der Bushaltestelle**

> **Liebe Fahrgäste!**
> **Wegen Bauarbeiten ist die Haltestelle verlegt.**
> **Der Bus Nr. 33 hält bis Ende September Ecke Säulingstraße/Westendstraße.**

Der Bus Nummer 33 fährt erst ab Ende September.   [Richtig]   [Falsch]

15 **Restaurant in einer Firma**

> *Italienische Woche*
>
> *Wir kochen für Sie Spezialitäten aus unserem Nachbarland Italien.*
>
> *Lassen Sie sich Pizza, Spaghetti, Tortellini und vieles mehr schmecken.*
>
> *Außerdem gibt es alles von der normalen Speisekarte.*

Man kann hier italienisch kochen lernen.

| Richtig | | Falsch |

Schreiben – Teil 1

In *Teil 1* gibt es ein Formular, in dem einige Informationen fehlen. Sie sollen für eine andere Person diese fehlenden Informationen ergänzen. Solche Informationen sind z.B. der Vorname oder das Geburtsdatum. Die Informationen gibt Ihnen der Text über dem Formular.
Arbeitszeit: etwa 10 Minuten

Tipp

Informationen zuordnen

Vor dem Schreiben

- Sehen Sie zuerst das Formular an.
  Einige Informationen stehen schon da, z.B. der Familienname, *Massa*.
- Suchen Sie: Welche Informationen fehlen noch? Zum Beispiel *Vorname*.
- Lesen Sie jetzt den Text über dem Formular und unterstreichen Sie die Informationen.

Antworten

- Im Formular ergänzen Sie nicht nur Wörter. Manchmal machen Sie auch ein Kreuz, z.B. bei Nr. 3: *männlich*. Oder Sie schreiben eine Zahl, z.B. bei Nr. 5 (Beginn/Datum) schreiben Sie das Datum von heute, also z. B. *3. Mai*.

Sie haben Besuch von Bruno Massa. Er kommt aus Rom und ist für ein Jahr Gaststudent aus Italien und möchte sich ab sofort Bücher aus der Stadtbücherei holen. Schreiben Sie die fünf fehlenden Informationen in das Formular.

Stadtbücherei Braunschweig
Anmeldung zur Ausleihe

Familienname	*Massa*	(0)
Vorname		(1)
Geburtsdatum	*17.5.1984*	
Heimatstadt		(2)
Wohnort	*38102 Braunschweig*	
Straße, Hausnummer	*Bergstr. 15a*	
Telefon	*0441/394 85*	
Geschlecht	männlich ⬜ weiblich ⬜	(3)
Nationalität	*Italienisch*	
Beruf		(4)
Beginn/Datum		(5)
Unterschrift	*Massa*	

Schreiben – Teil 2

In *Teil 2* schreiben Sie einen Brief, ein Fax, eine Karte oder eine E-Mail an Ihre Lehrerin, einen Freund oder einen Kollegen. Die Aufgabe sagt, warum Sie schreiben: Sie können z.B. nicht zu einem Termin kommen. In der Aufgabe finden Sie auch drei Punkte. Sie sollen zu jedem Punkt etwas schreiben.
Arbeitszeit: etwa 15 Minuten

Tipp

Adressat

Vor dem Schreiben

- An wen schreiben Sie, z.B. eine Freundin, einen Lehrer?
- Welche Anrede passt?
  formell: *Sehr geehrter Herr ... / Sehr geehrte Frau ...*
  informell: *Lieber ... / Liebe ...*
- Welcher Gruß passt?
  formell: *Mit freundlichen Grüßen*
  informell: *Herzliche Grüße*
- Wissen Sie einen Betreff, z.B. *Krankmeldung*?

Aufgaben

- Lesen Sie die drei Punkte in der Aufgabe.
- Unterstreichen Sie wichtige Wörter.

Tipp

Mit anderen Worten

Während des Schreibens

- Überlegen Sie: Wie sagen Sie die Sätze anders?
  Beispiel: *In Ihrer Familie ist jemand krank.*
  Variation: *Mein Sohn hat Fieber.*
- Schreiben Sie nicht zu kurz! Zwei Sätze pro Punkt sind besser als ein Satz:
  Mein Sohn ist krank. Er hat Fieber.
- Benutzen Sie spezielle Wörter, z.B. *Fieber*.

Schreiben Sie eine Nachricht an Ihren Kursleiter. Sagen Sie:

- **In Ihrer Familie ist jemand krank.**
- **Sie können nicht mehr zum Deutschkurs kommen.**
- **Danken Sie dem Lehrer für den Kurs.**

Mail

Jetzt senden | Später senden | Verknüpfen ▾ | Signatur ▾ | Optionen ▾ | Hyperlink einfügen ▾ | Kategorien ▾

Von: _____ ▾
An: *Klicken Sie hier, um Empfänger hinzuzufügen*
Cc:
Betreff: Mail

....

....

....

....

....

....

Tipp

Nach dem Schreiben

- Haben Sie alle drei Punkte?
- Haben Sie Anrede und Gruß?
- Ihren Absender brauchen Sie nicht.
- Haben Sie sauber geschrieben? Kann die Prüferin / der Prüfer den Text lesen?

Sprechen

Die mündliche Prüfung hat drei Teile. Sie sind in einer Gruppe mit maximal sechs anderen Teilnehmenden und zwei Prüfern. Sie sprechen mit einer Prüferin / einem Prüfer und den anderen Teilnehmenden.
Der Test dauert etwa 15 Minuten pro Gruppe.

Sprechen – Teil 1

In *Teil 1* sollen Sie sagen, wer Sie sind. Sie stellen sich in der Gruppe vor. Sagen Sie fünf oder sechs Sätze über sich. Sie bekommen die folgenden sieben Wörter:

Name?
- Wie heißen Sie? (Sie kennen die Prüfer und/oder die Gruppe nicht)

Alter?
- Wie alt sind Sie?

Land?
- Woher kommen Sie? (Land, Stadt)

Wohnort?
- Wo wohnen Sie? (Wohnort: Stadt, Stadtteil)

Sprachen?
- Welche Fremdsprachen sprechen Sie?

Beruf?
- Welche Schule besuchen Sie?
- Was sind Sie von Beruf?
- Was studieren Sie?

Hobby?
- Was sind Ihre Hobbys?

Sie brauchen nicht zu jedem Stichwort etwas zu sagen, z.B. zum Alter.

Nach der Vorstellung stellt der Prüfer zwei Aufgaben:
- Sie sollen buchstabieren, z.B. Ihren Vornamen.
- Sie sollen eine Nummer nennen, z.B. eine Telefonnummer.

Tipp

Übungen vor der Prüfung (im Kurs oder zu Hause)

- Überlegen Sie: Was sagen Sie über sich?
- Üben Sie – wenn möglich zu zweit: **Buchstabieren** Sie Ihren Namen, Vornamen, den Namen Ihres Ehepartners, Ihres Kindes, den Namen Ihrer Heimatstadt, der Straße und andere Wörter. Ihre Partnerin / Ihr Partner schreibt, was er verstanden hat.
- Wiederholen Sie das Alphabet in *Schritte 1*, Lektion 1.
- Üben Sie zu zweit die **Zahlen**: Nennen Sie Ihr Geburtsdatum, Ihre Hausnummer, Ihre Handynummer, Ihre Postleitzahl. Ihre Partnerin / Ihr Partner schreibt, was sie/er verstanden hat.

• •

Sprechen – Teil 2

In *Teil 2* sprechen Sie über zwei Themen aus Ihrem Leben, z.B. zuerst das Thema *Essen und Trinken*, danach das Thema *Arbeit*. Sie sollen Fragen stellen und auf Fragen antworten. Jede/r bekommt zu Thema 1 eine Karte mit einem Wort, z.B. *Obst*. Der Prüfer sagt:

Unser erstes Thema ist „Essen und Trinken". Bitte ziehen Sie eine Karte. Zum Beispiel diese hier: Thema: Essen & Trinken Obst
Fragen Sie zum Beispiel: *Essen Sie gerne Obst?* Ihre Partnerin / Ihr Partner antwortet zum Beispiel: *Ja, sehr gerne.*

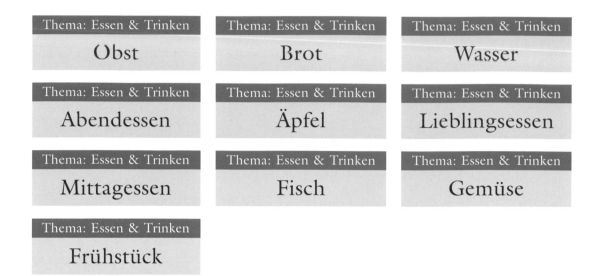

Thema: Essen & Trinken	Thema: Essen & Trinken	Thema: Essen & Trinken
Obst	Brot	Wasser
Thema: Essen & Trinken	Thema: Essen & Trinken	Thema: Essen & Trinken
Abendessen	Äpfel	Lieblingsessen
Thema: Essen & Trinken	Thema: Essen & Trinken	Thema: Essen & Trinken
Mittagessen	Fisch	Gemüse
Thema: Essen & Trinken		
Frühstück		

Nach Thema 1 folgt das 2. Thema.

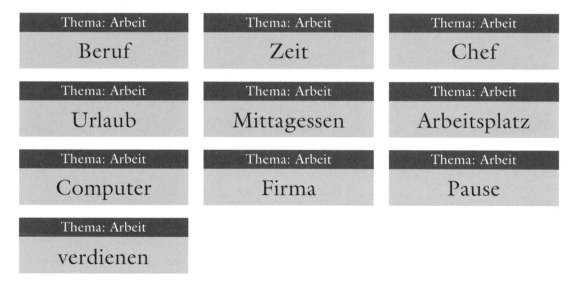

Thema: Arbeit	Thema: Arbeit	Thema: Arbeit
Beruf	Zeit	Chef
Thema: Arbeit	Thema: Arbeit	Thema: Arbeit
Urlaub	Mittagessen	Arbeitsplatz
Thema: Arbeit	Thema: Arbeit	Thema: Arbeit
Computer	Firma	Pause
Thema: Arbeit		
verdienen		

Tipp	**Übungen vor der Prüfung (im Kurs oder zu Hause)**
Fragen stellen	• Überlegen Sie: Welche Fragen kann ich stellen? Zum Beispiel mit *wer, wo, wie viel kostet, wann* etc.
	• Wiederholen Sie die Fragen auf den Übersichtsseiten in allen Lektionen.

Sprechen – Teil 3

In *Teil 3* bekommt jede Teilnehmerin / jeder Teilnehmer 2 Kärtchen. Dieses Mal mit Bildern.
Sie sollen jemanden aus der Gruppe um etwas bitten oder auf eine Bitte antworten.

Die Prüferin sagt:

> Bitte ziehen Sie eine Karte, zum Beispiel diese hier:
>
> Sagen Sie zum Beispiel: *Könnten Sie bitte das Fenster schließen?*
> Ihre Partnerin / Ihr Partner antwortet: *Ja, gerne. Sofort.*

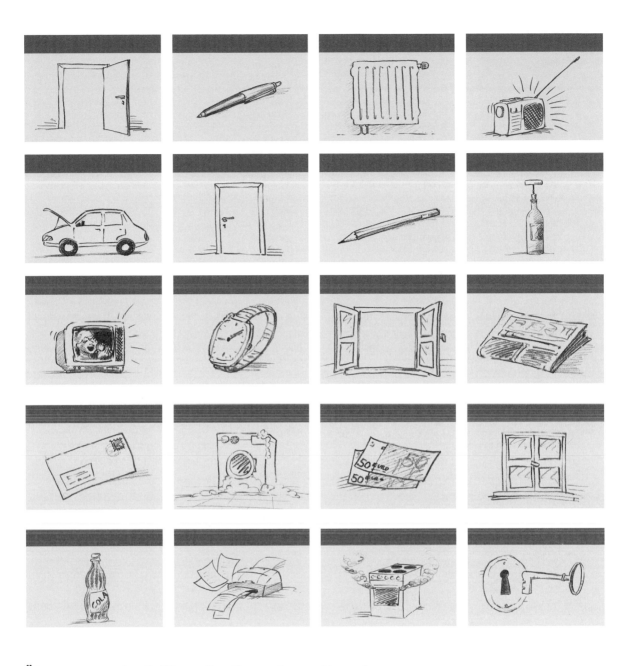

Tipp
Wiederholen

Übungen vor der Prüfung (im Kurs oder zu Hause)

- Wiederholen Sie: Welche höflichen Bitten habe ich gelernt?
- Wiederholen Sie die Bitten in *Schritte 2*, Lektion 12.

Tipp

**Bitte um
Hilfe**

Während der Prüfung

Kennen Sie ein Wort auf Ihrer Karte oder ein Wort in einer Frage nicht, dann bitten
Sie einfach Ihre Partnerin / Ihren Partner um Hilfe.
Sagen Sie zum Beispiel:
Wie nennt man das, bitte?
Was ist das, bitte – Lieblingsessen? Ich verstehe das Wort nicht.
Oder: *Können Sie das bitte wiederholen?*
Oder: *Kannst du das erklären, bitte?*

Wortliste

Die alphabetische Wortliste enthält die neuen Wörter dieses Buches mit Angabe der Seiten, auf denen sie zuerst vorkommen. Wörter, die für die Prüfung Start Deutsch 1 z nicht verlangt werden, sind kursiv gedruckt. Bei allen Wörtern sind die Wortakzente gekennzeichnet. Ein Punkt (a̱) heißt kurzer Vokal, ein Unterstrich (o̱) heißt langer Vokal. Steht der Artikel in Klammern, gebraucht man die Nomen meistens ohne Artikel. Nomen mit der Angabe „nur Singular" verwendet man nicht oder nur selten im Plural. Nomen mit der Angabe „nur Plural" verwendet man nicht oder nur selten im Singular. Trennbare Verben sind durch einen Punkt nach der Vorsilbe gekennzeichnet (ab·fahren).

ab   13, 14, 43
ab ... Uhr   43
ab sofort   13
ab wann   43
das Abendessen, -   18, 42
ab·fahren   38
die Abfahrt (nur Singular)   37
ab·fliegen   37
der Abflug, ⸚e   37
ab·geben   18, 19, 22
ab·holen   37, 43, 46
die Absage, -n   63
der Absender, -   29
ach so̱   60
achten   AB 66
Achtung!   37
der Adressat, -en   AB 136
aha   43
der Alkohol (nur Singular)   20
alle   17, 18, 22
das Alphabet, -e   AB 137
als   10, 12, 13
ambulant   13
die Ampel, -n   35
das Amt, ⸚er   16, 18, 20
an sein   41
anbei   29
an·bieten   AB 106
anders   AB 136
das Angebot, -e   AB 106
die/der Angehörige, -n (ein Angehöriger)   20, 22
an·kommen   37
die Ankunft (nur Singular)   37
an·machen   44
an·melden   16, 20
an·probieren   54
die Anrede (nur Singular)   29, 61
der Anrufbeantworter, -   46
der Anrufer, -   28, 46
anschließend   61
der Anschluss, ⸚e   38, 45
an·stehen   AB 92
der Antrag, ⸚e   20, 22
der Antwortbogen, -   AB 131
die Anweisung, -en   36
an·ziehen   53
die Apotheke, -n   28, 30, 35

der April   21, 58, 61
die Arbeit, -en   7, 8, 9
der Arbeiter, -   12, 29
der Arbeitgeber, -   25
das Arbeitsblatt, ⸚er   29
arbeitslos   9, 11, 13
der Arbeitsplatz, ⸚e   22
die Arbeitszeit, -en   13, 14
der Arm, -e   26
die Arzthelferin, -nen   25
der Arzttermin, -e   30
das Aspirin (nur Singular)   AB 95
die Aufforderung, -en   47
auf·füllen   AB 81
die Aufgabe, -n   AB 82, 91, 93
auf·machen   44
auf·passen   AB 133
auf·schreiben   29
das Auge, -n   26, 27
der Augenarzt, ⸚e   AB 89
die Augenfarbe   27
der August   21, 58
der Ausgang, ⸚e   37
die Auskunft, ⸚e   22, 38
der Ausländer, -   22
das Ausländeramt, ⸚er   22
die Ausleihe, -n   AB 135
aus·machen   20, 44
aus·sehen   26
außerdem   AB 135
aus·steigen   37
aus·wählen   46
der Ausweis, -e   AB 86
das Auto, -s   13, 18, 27
die Autobahn, -en   AB 92
das Autofahren   13
der Automechaniker, -   AB 122
die Autovermietung, -en   46
die Autowerkstatt, ⸚en   14
die Baby-Wäsche (nur Singular)   54
baden   12
der Bahnsteig, -e   38
bald   60, 61
die Balkontür, -en   AB 105, 130
das Band, ⸚er   46
die Bank, -en   35, 36
die Bauarbeiten (nur Plural)   AB 134
der Bauarbeiter, -   10
der Bauch, ⸚e   26
der Baum, ⸚e   35
der Beamte, -n   18, 22
bearbeiten   AB 132
bedeuten   22
der Beginn (nur Singular)   AB 135
beginnen   58
begrenzt   AB 97
die Behörde, -n   16
beide   52, 54
das Bein, -e   24, 25, 26
bekommen   25, 30, 41
die Bemerkung, -en   AB 97
benutzen   45
der Berg, -e   12
der Beruf, -e   8, 13, 15
berufstätig   21, 22
bes. = besonders   AB 106

die Beschwerde, -n   47
besetzt   AB 98
besonders   AB 115
besten: am besten   52, 53
bestellen   46
bestimmen   AB 117
der Besuch, -e   AB 70, 103, 124
besuchen   13, 33, 59
die Betonung, -en   AB 75, 105
der Betreff (nur Singular)   29
bewegen   AB 86
bis morgen   14
bis später   43
bis wann   43
bisher   AB 80
bisherig   21
die Bitte, -n   44
bitten   22, 61
blau: in Blau   59
das Blei (nur Singular)   57
bleiben   28, 29, 31
das Bleigießen   56
die Blume, -n   32, 33
der Blumenstrauß, ⸚e   AB 111
die Bluse, -n   50, 51, 54
brechen   25, 27
die Briefmarke, -n   44
die Brille, -n   51, 52
die Brücke, -n   AB 92
die Buchstabenkette, -n   AB 107
das Bundesland, ⸚er   AB 116
das Büro, -s   14
der Busfahrer, -   10, 14
der Busführerschein, -e   AB 133
die Bushaltestelle, -n   35, 37
das Camping (nur Singular)   54
die CD, -s   AB 111
der Champagner (nur Singular)   AB 118
der Chef, -s   11, 29, 49
die Chefin, -nen   8
die Chip-Karte, -n   45
der Clown, -s   AB 106
das Comic-Heft, -e   AB 77
der Computerkurs, -e   AB 71
der Computerspezialist, -en   11
dabei   52
dafür   AB 131
dahin   34
die Damenkleidung (nur Singular)   54
damit   AB 106
danach   AB 137
der Dativ, -e   15, 39
das Datum (nur Singular)   21, 29, 61
dauern   AB 97, 122, 137
dazu   AB 130, 131
definitiv   AB 79
das Demonstrativpronomen, -   55
demselben   AB 107
denken   40, 52, 57
des   61
deshalb   13
die Designer-Mode, -n   54
die Detailansicht, -en   AB 97
(das) Deutsch   7, 10, 13
das Deutschbuch, ⸚er   AB 127
die/der Deutsche, -n (ein Deutscher)   21
die Deutschlehrerin, -nen   8

die Deutsch-Prüfung, -en   AB 125
der Deutschtest, -s   8
der Dezember   21, 58, 62
der Dialog, -e   AB 75, 76, 77
dich   59, 61, 62
dick   26, 28
diese, dieser, dieses   18, 22, 29
das Diplom, -e   11
direkt   38
die Disko, -s   AB 94, 119
der Doktor, -en   28, 30
das Dokument, -e   22
das Dorf, ⸚er   12
Dr. = der Doktor   30
draußen   18
dreimal   62
dringend   13, 30, 43
die Drogerie, -n   54
drüben   38
drücken   AB 99
der Drucker, -   43, 44
durch   AB 111
die Durchsage, -n   37
dürfen   20, 22, 25
ebenso   35, 39
echt   57
die Ecke, -n   AB 134
die Ehefrau, -en   22
das Ehepaar, -e   AB 132, 133
der Ehepartner, -   AB 137
der Ehering, -e   57
eilig   59
einfach   27, 30, 34
der Eingang, ⸚e   38
einige   AB 135
ein·laden   59, 61, 62
die Einladung, -en   60, 61
ein·ordnen   AB 82
die Eins, -en   57
ein·setzen   45
ein·steigen   37
ein·tragen   22
einzeln   AB 133
ein·ziehen   17
das Einzugsdatum (nur Singular)   17, 21
der Elternabend, -e   AB 129
der Empfänger, -   29
endlich   13, 59, 60
eng   AB 114
(das) Engl. = Englisch   13
das Englisch   11, 52
entschuldigen   22, 38
das Erdgeschoss, -e   54
erforderlich   13
erhalten   AB 134
erklären   22, 43, 44
die Erklärung, -en   22
erlaubt   20
das Erlebnis, -se   AB 106
erledigen   AB 106
ersetzen   AB 111
erst   30, 46, 49
erste   34, 58
die/der Erwachsene, -n (ein Erwachsener)   20
das Essen (nur Singular)   20, 28, 51
etc. = etcetera   AB 138
etwa   AB 131, 132, 134
euch   51, 59, 61

euer, eure   27, 61
die 400-Euro-Basis (nur Singular) AB 72
(das) Europa   AB 80, 89
exquisit AB 125
Fa. = die Firma, Firmen AB 72
fahren   19, 34, 52
der Fahrer, -   AB 130
der Fahrgast, -̈e AB 130, 134
die Fahrkarte, -n   37, 38, 59
der Fahrkartenautomat, -en   38
der Fahrplan, -̈e 37
die Fahrradmitnahme (nur Singular) AB 97
die Fahrschule, -n   13
die Fahrt, -en   AB 97
das Familienfest, -e AB 106
fast 26
das Fax, -e   AB 106, 128, 131
das Faxgerät, -e 44
der Februar   21
fehlen   AB 130, 133, 135
fehlend AB 135
die Feier, -n   12
feiern   58, 60, 61
der Feiertag, -e   AB 133
das Fenster, - 19, 28, 36
die Ferien (nur Plural) AB 72
das Ferienhaus, -̈er AB 134
der Ferientermin, -e AB 116
fern AB 100, 126
das Fernsehen (nur Singular)   60
das Fest, -e 56, 62, 63
die Festanstellung, -en 13
der Festflug, e 62
das Feuer, -   44
der Finger, - 26
das Firmenfest, -e AB 106
fit 60
das Fitness-Center, - AB 112
das Fitnessstudio, -s AB 94
der Fleischverkäufer, -   13
flexibel AB 72
fliegen   34, 37, 60
der Flug, -̈e AB 132
die Flugdaten (nur Plural) AB 132
der Fluggast, -̈e AB 130
der Flughafen, -̈   37
die Flugnummer, -n 37
das Flugzeug, -e   34, 35, 37
folgen AB 138
die Forelle, -n   22
die Form, -en AB 70, 75, 79
formell AB 136
fotografieren 20
Fr = der Freitag 13
der Frageartikel, - 55
fragen   22, 38, 53
das Fragewort, -̈er   AB 128
(das) Französisch   AB 112
frei 13, 14, 30
der Freitag, -e   43, 61
fremd   34
die Fremdsprache, -n AB 137
freuen   60, 61
die Freundin, -nen 28, 59
der Frisör, -e 30, 36
der Frisörtermin, -e 30
froh: Frohe Ostern! Frohes Fest! 62
früher   13, 21
der Führerschein, -e 13
funktionieren   40, 41, 43

der Fuß, -̈e 26, 27, 34
das Fußballspiel, -e AB 122
der Gameboy, -s 19
gar nicht AB 75, 109
die Garantie, -n 43, 45, 46
die Gartenparty, -s 58
der Gärtner, - AB 72
der Gast, -̈e   22
das Gasthaus, -̈er 61
der Gaststudent, -en AB 135
die Gebäudereinigung (nur Singular) 13
die Gebrauchsanweisung, -en 45
das Geburtsdatum (nur Singular)   21
das Geburtsland, -̈er 21, 22
der Geburtsname, -n 21
der Geburtstagskalender, - AB 80, 116
die Geburtstags-Liste, -n 58
das Gedicht, -e AB 117
geehrt: Sehr geehrte ..., sehr geehrter ... 29, 45
gegen 26
die Geheimnummer, -n   45
gehören 51, 52, 53
die Geige, -n 52
das Geld (nur Singular)   13, 19
das Gemüsegeschäft, -e   AB 131
generell 18
genug AB 119
das Gepäck (nur Singular)   37
gerade 33
geradeaus   34
das Gerät, -e 43, 45
das Geschäft, -e   13, 51
das Geschlecht, -er   17, 21, 22
geschlossen   AB 116, 134
gesund AB 109
die Gesundheit (nur Singular)   24, 31
das Gesundheitsproblem, -e   28
der Gesundheits-Tipp, -s 28
das Gewitter, - AB 130
gießen 57
das Glas, -̈er   19
glauben   16, 17, 24
das Gleis, -e   38
das Glück (nur Singular)   62
glücklich   12
der Glückwunsch, -̈e   52, 62, 63
die GmbH 13
Gott sei Dank   27
gratulieren   45, 62
griechisch 21
das Grillfest, -e 61
die Größe, -n   27, 51, 54
der Grund, -̈e 61
die Gruppe, -n 51, 52
der Gruß, -̈e   61
das Gulasch (nur Singular) AB 113
günstig   50
der Gürtel, - 48
das Haar, -e   26, 27, 59
der Hals, -̈e 26, 27
die Halsschmerzen (nur Plural) 28
die Halstablette, -n 28
Halt! AB 98
halten   AB 134
die Haltestelle, -n AB 97, 98, 134

die Hand, -̈e 26, 27
die Handlungsanweisung, -en 31
die Handynummer, -n AB 137
die Hauptwohnung, -en 21
die Hausfrau, -en 10
die Haushaltshilfe, -n AB 72
der Hausmann, -̈er 10
der Hausmeister, - 14
die Haustür, -en AB 105
die Hausverwaltung, -en 14
He! 20
das Heft, -e   45
die Heimat (nur Singular) 12
die Heimatstadt, -̈e AB 135, 137
heiraten   11, 57, 61
die Heizung, -en 44
hellblau   AB 108
hellrot   AB 132
das Hemd, -en 48, 49, 50
her·hören AB 88
das Herkunftsland, -̈er AB 67, 120
die Herrenkleidung (nur Singular) 54
der Hersteller, - AB 133
das Herz, -en AB 133
Herzlichen Glückwunsch!   52, 62
Herzliche Grüße   61
heute Abend 42, 43
die Hilfe, -n   22, 41, 43
hin AB 98
hin und zurück 38
hinauf 38
hin·fahren AB 127
hin·fallen 26, 33
hinten   38
hinter 35, 36
der Hobbyraum, -̈e   AB 132, 133
die Hochzeit, -en 12, 58, 61
höflich 47
holen 49
der Hörtext, e   AB 130
die Hose, -n 48, 49, 50
das Hotel, -s   20, 35, 60
der Hund, -e   20, 60
hundert   11
die Idee, -n 9, 12
ihm   7, 51
ihn   37, 59
Ihr, Ihre, Ihren   14, 20, 22
der Imbiss, -e 38
immer   19
immer geradeaus   34
die Immobilie, -n AB 72
die Immobilienverwaltung, -en AB 72
der Imperativ, -e 23
die Informatik (nur Singular) 11
die Informationstafel, -n AB 134
informell AB 136
informieren 45
innere 30
innerhalb 17
ins   45, 52, 54
intensiv AB 133
interessant   9, 52, 60
das Interesse (nur Singular) AB 131
die Interessentin, -nen AB 131

das Internet (nur Singular)   AB 132
(das) Italienisch   AB 119
italienisch AB 135
die Jacke, -n   48, 49, 50
der Januar   21, 58
je 26, 49
die Jeans (nur Plural) 54
die Jeans-Wear (nur Singular) 54
jemand AB 106, 138
jeweils AB 131
der Job, -s   13
joggen AB 100
die/der Jugendliche, n (ein Jugendlicher)   37
der Juli   21, 58
der Juni   21, 58, 61
der Kaffee, - 28, 51, 62
die Kaffeemaschine, -n AB 103
der Kalender, - 58
die Kanadierin, -nen AB 84
kaputt   40, 43, 44
der Karneval (nur Singular) 56
die Kasse, -n   19, 54
der Kasten, -̈ AB 112
die Katze, -n AB 70, 85, 92
die Kauffrau, -en 10
das Kaufhaus, -̈er 51
der Kaufmann, Kaufleute 10
der Keller, - AB 132, 133
der Kellner, - 13, 22
kennen lernen   7, 59, 60
Kenntn. = die Kenntnisse (nur Plural) 13
der Kinderflohmarkt, -̈e AB 133
der Kinder-Geburtstag, e   AB 106
die Kinderkleidung (nur Singular) 54
die Kindermöbel (nur Plural)   AB 133
der Kinderstuhl, -̈e AB 133
der Kiosk, -s   38
klappt: Das klappt nicht. 60
klar AB 78
klasse 50
das Klassenzimmer, - 36
das Kleid, -er 48, 50, 51
das Kleidergeschäft, -e 49
der Kleiderladen, -̈ AB 134
die Kleidung (nur Singular) 49, 55
der Knochen, - 24
der Koch, -̈e 27
das Kochbuch, -̈er   AB 111
der Koffer, -   53
der Kollege, -n AB 100, 131, 136
die Komparation 55
kompetent AB 133
die Konjunktion, -en 63
der Konjunktiv 47
der Kopf, -̈e   26, 31
der Körperteil, -e 31
die Kosmetik, -a 54
das Krankenhaus, -̈er   13, 30, 35
der Krankenpfleger, - 10, 13
die Krankenschwester, -n 10, 13
die Krankenversicherung, -en 25

die Krankheit, -en   24
die Krankmeldung, -en   25, 29, 30
das Kreuz, -e   AB 135
das Kreuzworträtsel, -   AB 92, 107
der Kugelschreiber, -   51
(sich) kümmern   60
der Kundendienst (nur Singular)   47, 54
der Kundenservice (nur Singular)   40, 43
die Kundentoilette, -n   54
das Kursalbum, Kursalben   11
das Kursbuch, ¨er   AB 112
der Kursleiter, -   AB 136
lachen   24
das Ladegerät, -e   45
laden   61
der Lagerverkauf, ¨e   AB 133
lange   11, 25, 29
langsam   19, 20
langweilig   9, 19, 50
lassen   AB 135
laufen   60
laut   19, 44
das Leben (nur Singular)   22
die Lebensgeschichte, -n   12
das Lebensjahr, -e   62
das Lebensmittel, -   AB 92, 120
legen   45
leicht   7
leid: Tut mir leid.   59
die Leidenschaft, -en   12
leihen   AB 88
leise   18, 19
der Lesetext, -e   AB 131, 134
die Lese-Zeit (nur Singular)   AB 130
letzt-   12
die Leute (Plural)   7, 37, 38
das Licht, -er   41, 44
lieb: am liebsten   52, 53
lieben   59
das Lied, -er   62
liefern   AB 106
links   34, 35
der LKW, -s   35
lokal: lokale Präposition   15, 39
lösen   AB 128, 131, 132
die Lösung, -en   AB 131
die Lust (nur Singular)   AB 95, 96
lustig   7, 52
der Mai   21
mal sehen   30
das Mal, -e   14
der Maler, -   AB 87
manchmal   7
männlich   17
der Mantel, ¨   50, 54
der März   21, 58, 61
die Maschine, -n   8, 9, 41
die Massagepraxis, Massagepraxen   13
der Mechaniker, -   8, 9, 10
das Medikament, -e   36
die Medizin (nur Singular)   28, 30
das Meer, -e   12
die Meinung, -en   60
meist: am meisten   52
der Meister, -   8
das Meldeformular, -e   18, 21, 23

melden   30
der Mensch, -en   26
die Metallfirma, Metallfirmen   12
mexikanisch   AB 68
mich   59
die Minute, -n   14, 43
mischen   27
der Mist (nur Singular)   59
das Mistwetter (nur Singular)   19
Mit freundlichen Grüßen   29
mit·fahren   AB 79
mit·gehen   AB 117
das Mitglied, -er   61
mit·singen   62
die Mittagspause, -n   AB 100, 102
die Mitteilung, -en   AB 128
die Mitternacht (nur Singular)   AB 118
Mo. = der Montag   13
das Möbelstück, -e   AB 132
mobil   45
modal: modale Präposition   15
die Mode-Boutique, -n   54
das Modell, -e   43, 46
das Modem, -s   AB 133
modern   AB 109
mögen   53, 54
möglich   AB 97, 137
der Moment, -e   18, 19, 20
morgen   14, 28, 30
morgen Mittag   43
der Multivitaminsaft, ¨e   AB 88
der Mund, ¨er   26
mündlich   AB 137
das Museum, Museen   20
der Musiker, -   52, 53
die Musikschule, -n   AB 133
müssen   18, 19, 20
(die) Mutti, -s   51
na   20, 52, 59
na dann   52
nach links   34
die Nachbarin, -nen   62
das Nachbarland, ¨er   AB 135
nach·machen   52
der Nachmittagskurs, -e   AB 133
die Nachricht, -en   46
nach·sehen   19
die Nachsilbe, -n   15
nächst-   29, 34, 38
die Nähe (nur Singular)   34, 36, 38
näher   AB 134
nämlich   22
die Nase, -n   26
die Nationalität, -en   22
neben   35
die Nebenwohnung, -en   21
nee = nein   AB 77
nehmen   19, 26, 27
nennen   61
nett   7, 59
das Neujahr (nur Singular)   56, 59, 62
nie   52
der Nikolaustag, -e   58
nochmal   AB 98, 117
normal   AB 99, 134, 135
der Notdienst (nur Singular)   AB 133

die Note, -n   57
notieren   28, 29, 37
die Notiz, -en   11
der November   21, 29
Nr. = Nummer   AB 134, 135
nun   AB 130
der Ober, -   44
das Obergeschoss, -e   54
der Obstkuchen, -   AB 121, 122
Och …   19
offen   AB 133
öffentlich   AB 99
öffnen   AB 130
oft   7, 28
Oh …   26, 27, 49
Oh je!   43
das Ohr, -en   26, 27
die Ohrenschmerzen (nur Plural)   27
der Oktober   21
die Oma, -s   36
der Orangensaft, ¨e   AB 109
die Ordinalzahl, -en   63
die Orientierung (nur Singular)   39
das Osterei, -er   62
der Osterhase, -n   62
(das) Ostern (nur Singular)   62
die Ostsee (nur Singular)   AB 70
paar   26
das Paket, -e   45
das Papier, -e   16
parken   20
der Parkplatz, ¨e   35
der Partyservice, -s   12
der Pass, ¨e   19
passen   13
passend   46
passieren   25, 26, 56
der Patient, -en   AB 134
die Pauschalpreisreparatur, -en   AB 106
die Pause, -n   28
der PC, -s   AB 106, 133
das PC-Problem, -e   AB 106
das PC-Service-Netzwerk, -e   AB 106
das Personalmanagement (nur Singular)   13
der Pfeil, -e   AB 117
(das) Pfingsten   AB 116
die Pflanze, -n   AB 72
der Pflegedienst, -e   13
der Pfleger, -   13
der PKW, -s   AB 106
der PKW-Führerschein, -e   AB 133
der Plan, ¨e   37
der Platz, ¨e   AB 85, 91, 98
plus   AB 131
der Polizist, -en   10
die Post (nur Singular)   16, 34, 35
praktisch   AB 89
das Präteritum   15
preiswert   AB 106, 133
die Privatperson, -en   46
pro   AB 72, 73, 136
pro Stunde   14
pro Tag   14
das Produkt, -e   45
das Programm, -e   AB 106
der Programmierer, -   10, 11

das Pronomen, -   23
Prost Neujahr!   56
prüfen   AB 128
der Prüfer, -   AB 136, 137
die Prüferin, -nen   AB 137, 138
die Prüfung, -en   AB 101, 128, 131
der Pulli, -s   AB 121
der Pullover, -   48, 49, 50
der Punkt, -e   AB 128, 136
pünktlich   37
die Putzhilfe, -n   13, 14
das Rad, ¨er   52
das Radio, -s   43, 44
die Radtour, -en   AB 112
die Rakete, -n   62
der Rat, Ratschläge   28
raten   10, 27
das Ratespiel, -e   27, 59
der Ratschlag, ¨e   19
rauchen   20
die Rechnung, -en   44, 45
rechts   34
das Regal, -e   AB 108
der Regenschirm, -e   AB 113
der Regionalexpress (nur Singular)   AB 97
rein   AB 130
die Reinigungskraft, ¨e   AB 72
das Reisebüro, -s   37
reisen   60
die/der Reisende, -n   AB 130
der Rekord, -e   52
die Reparatur, -en   43
der Reparaturdienst, -e   46
reparieren   40, 43
reservierungspflichtig   AB 97
das Restaurant, -s   13, 20, 22
restlich   AB 132
das Rezept, -e   28
der Rock, ¨e   50, 53, 54
der Rücken, -   26
die Rückenschmerzen (nur Plural)   26
rückwärts   52
rufen   43, 46, 49
ruhig   28
rund   AB 106, 133
die Rundschau (nur Singular)   AB 131
die Sache, -n   7
die Salbe, -n   25, 28
die Satzmelodie, -n   AB 76
sauber   AB 136
die S-Bahn, -en   AB 132, 133
der Schalter, -   37, 39
die Schatzsuche (nur Singular)   36
schicken   29, 44, 45
das Schild, -er   20
schließen   AB 130, 138
schlimm   26
der Schluss, ¨e   18
der Schlüssel, -   53, 59
die Schmerzen (Plural)   26, 30
schmutzig   27
der Schneider, -   27
schnell   19, 52, 61
der Schnellbahnplan, ¨e   AB 99
der Schokoladenkuchen, -   AB 121, 122
die Schreibwaren (Plural)   54
das Schreibwarengeschäft, -e   36
der Schritt, -e   AB 139
der Schuh, -e   48, 49, 50